Filosofia política

Filosofia política
José Antônio Martins

FILOSOFIAS: O PRAZER DO PENSAR
Coleção dirigida por
Marilena Chaui e Juvenal Savian Filho

wmf **martinsfontes**
São Paulo 2015

Copyright © 2015, Editora WMF Martins Fontes Ltda.,
São Paulo, para a presente edição.

1ª edição 2015

Edição de texto
Juvenal Savian Filho
Acompanhamento editorial
Helena Guimarães Bittencourt
Revisões gráficas
Letícia Braun
Solange Martins
Edição de arte
Katia Harumi Terasaka
Produção gráfica
Geraldo Alves
Paginação
Moacir Katsumi Matsusaki

Dados Internacionais de Catalogação na Publicação (CIP)
(Câmara Brasileira do Livro, SP, Brasil)

Martins, José Antônio
   Filosofia política / José Antônio Martins. – São Paulo : Editora WMF Martins Fontes, 2015. – (Filosofias : o prazer do pensar / dirigida por Marilena Chaui e Juvenal Savian Filho)

   ISBN 978-85-7827-963-9

   1. Filosofia política I. Chaui, Marilena. II. Savian Filho, Juvenal. III. Título. IV. Série.

15-04397   CDD-320.01

Índices para catálogo sistemático:
1. Filosofia política   320.01

Todos os direitos desta edição reservados à
Editora WMF Martins Fontes Ltda.
Rua Prof. Laerte Ramos de Carvalho, 133 01325-030 São Paulo SP Brasil
Tel. (11) 3293-8150 Fax (11) 3101-1042
e-mail: info@wmfmartinsfontes.com.br http://www.wmfmartinsfontes.com.br

SUMÁRIO

Apresentação • 7
Introdução • 9

1. Ação política e reflexão na *pólis* grega • 11
2. O público e o privado • 27
3. Ética e Política no Cristianismo latino medieval • 38
4. A autonomia da Política • 56
5. Estado *versus* sociedade civil • 64
6. Configurações políticas contemporâneas • 72
7. Conclusão • 83

Ouvindo os textos • 87
Exercitando a reflexão • 101
Dicas de viagem • 104
Leituras recomendadas • 109

APRESENTAÇÃO
Marilena Chaui e Juvenal Savian Filho

O exercício do pensamento é algo muito prazeroso, e é com essa convicção que convidamos você a viajar conosco pelas reflexões de cada um dos volumes da coleção *Filosofias: o prazer do pensar*.

Atualmente, fala-se sempre que os exercícios físicos dão muito prazer. Quando o corpo está bem treinado, ele não apenas se sente bem com os exercícios, mas tem necessidade de continuar a repeti-los sempre. Nossa experiência é a mesma com o pensamento: uma vez habituados a refletir, nossa mente tem prazer em exercitar-se e quer expandir-se sempre mais. E com a vantagem de que o pensamento não é apenas uma atividade mental, mas envolve também o corpo. É o ser humano inteiro que reflete e tem o prazer do pensamento!

Essa é a experiência que desejamos partilhar com nossos leitores. Cada um dos volumes desta coleção foi concebido para auxiliá-lo a exercitar o seu pensar. Os temas foram cuidadosamente selecionados para abordar os tópicos mais importantes da reflexão filosófica atual, sempre conectados com a história do pensamento.

Assim, a coleção destina-se tanto àqueles que desejam iniciar-se nos caminhos das diferentes filosofias como àqueles que já estão habituados a eles e querem continuar o exercício da reflexão. E falamos de "filosofias", no plural, pois não há apenas uma forma de pensamento. Pelo contrário, há um caleidoscópio de cores filosóficas muito diferentes e intensas.

Ao mesmo tempo, esses volumes são também um material rico para o uso de professores e estudantes de Filosofia, pois estão inteiramente de acordo com as orientações curriculares do Ministério da Educação para o Ensino Médio e com as expectativas dos cursos básicos de Filosofia para as faculdades brasileiras. Os autores são especialistas reconhecidos em suas áreas, criativos e perspicazes, inteiramente preparados para os objetivos dessa viagem pelo país multifacetado das filosofias.

Seja bem-vindo e boa viagem!

INTRODUÇÃO

Os noticiários, ao falar longamente sobre a corrupção política e econômica, reportam constantemente uma informação: certas pessoas recebem tratamento diferenciado por parte das instituições públicas, seja no acesso a benefícios que não estão à disposição da grande maioria dos cidadãos, seja no tratamento recebido em investigações, seja nos modos de punição etc. "Você sabe com quem está falando?" Quem já não ouviu essa expressão?

É inegável que em nosso país existem pessoas que recebem tratamentos diferenciados e privilégios por parte das instituições, em uma clara demonstração de falta de *isonomia*, quer dizer, de falta de igualdade no tratamento dos cidadãos dispensado pelos poderes que os representam. Nossas instituições públicas não são plenamente *republicanas*. Daí nos vem a pergunta: o que é e para que serve a Política? A serviço de que estão nossos representantes políticos?

Por outro lado, uma das grandes mudanças verificadas com o aumento maciço do uso da internet, por meio dos blogues e das redes sociais, foi a oportunidade de milhões de pessoas acederem à possibilidade de exprimir seu pensamento a um grande público. Os espaços cibernéticos de debate tornaram-se verdadeiras *ágoras* virtuais.

Curiosamente, então, falta de acesso universal às oportunidades e abertura total ao direito de exprimir-se caracterizam o jogo da vida pública atualmente, não apenas em nosso país, mas em todo o mundo.

Seria a Política uma prática para garantir igualdade de direitos? Ou seria ela um jogo para chegar ao poder e manter-se nele?

Os que ocupam o poder têm o direito de impor suas concepções éticas, religiosas, políticas, culturais, ou deveriam esforçar-se para que possam ser respeitadas todas as tendências que marcam os cidadãos de um país?

Se a Política tem um objetivo diferente da manutenção do simples jogo pelo poder, que instância poderia determinar esse objetivo?

Essas e outras perguntas estão na origem deste livro, que, esperamos, seja de leitura muito prazerosa!

1. Ação política e reflexão na *pólis* grega

Uma primeira questão para alguém que volta sua atenção para a filosofia política é saber o que ela é, quais são os seus problemas e suas características. A resposta mais simples diria que a filosofia política trata de Política.

Essa afirmação não está errada, mas também não basta para responder adequadamente às indagações filosóficas sobre a Política, porque pode dar a impressão de que ela já existia antes da Filosofia e se tornou, em determinado momento, objeto da atenção dos filósofos. Se analisarmos o nascimento da Filosofia e o nascimento da Política, veremos algo interessante: elas nasceram juntas! Conhecer esse nascimento conjunto pode ser uma atividade muito esclarecedora para refletir sobre o que é a Política.

Nos diferentes campos do saber, os objetos próprios desses campos já existiam, em geral, independentemente de as ciências que os estudam serem estruturadas. O caso da Medicina é bastante significativo: as doenças já existiam antes de a Medicina descobrir suas causas e as respectivas curas. Assim também a psique já existia no momento em que a Psicologia começou a formular suas teorias; o clima, a paisagem, os fenômenos econômicos e sociais que se desenvolvem sobre um território já existiam antes de a Geografia formular suas hipóteses. Mas, no caso da filosofia política, não havia uma experiência claramente estruturada como Política sem uma reflexão concomitante sobre ela. A prática que depois foi chamada de "ação política" nasceu com a reflexão ou a filosofia política. Como se costuma dizer, os gregos, ao inventar a Política, também inventaram a Filosofia: a ação política grega ofereceu condições para o surgimento da reflexão filosófica, num movimento em que a atitude filosófica iluminava também a ação política.

Essa tese é interessante, mas não deixa de suscitar algumas objeções: ela pressupõe que não houve experiência política antes de determinada fase histórica grega, bem como vincula de modo único ação humana e reflexão.

A primeira objeção é a mais séria, pois afirmar que somente em um lugar e momento histórico precisos (os territórios da Grécia nos séculos VIII-VI a.C.) ocorreu o nascimento da ação política significa dizer que, antes desse período, não existiu Política entre os gregos, bem como que outros povos e em outros territórios não produziram essa experiência que hoje parece tão comum e quase universal.

Essa é, no entanto, a tese mais aceita pelos especialistas que estudam o surgimento da Política e as origens da Filosofia. Ambas são explicadas como filhas da *pólis* ou do modelo grego das cidades-Estados.

1.1. O surgimento da *pólis*

Quem chamou a atenção de modo decisivo para o fenômeno do surgimento concomitante de uma reflexão aliada a uma experiência política foi o historiador francês Jean-Pierre Vernant (1914-2007). Os dados históricos são comprobatórios: foi entre os séculos VIII e VI a.C., aproximadamente, que se viu nascer nos territórios que formam a atual Grécia um novo tipo de experiência coletiva até então inédita, a *pólis* ou a cidade-Estado.

Ao contrário do que entendemos hoje, não é qualquer ajuntamento de casas, pessoas e leis que conformam uma cidade segundo o modelo grego. A cidade-Estado ou a *pólis* era mais do que isso, pois exigia, na sua constituição, um modo de convivência coletivo, com características muito peculiares, que nós denominamos de Política. A *pólis* exigia que a dimensão coletiva ou compartilhada da vida entre os humanos fosse organizada de modo político. Há certa circularidade nessa afirmação, mas ela é positiva para descrever a originalidade da experiência grega: para que houvesse uma *pólis*, fazia-se necessário que a esfera coletiva ou pública da vida humana fosse organizada de modo político; por outro lado, somente podia existir esse modo de organização política da vida se houvesse uma *pólis*, ou seja, uma estrutura institucional que assegurasse esse modo de organização dos seres humanos. Para entender essa circularidade, requer que se entenda melhor o que era a *pólis*.

Foi a partir das mudanças econômicas e sociais que se seguiram ao século VIII a.C. que os povos helênicos que habitavam a península Ática (onde está localizada a atual Grécia) se viram diante da necessidade de reorganizar o modo como estruturavam a esfera coletiva da vida. Em vez de uma vida sob o domínio de um rei e com uma ordem social rigidamente hierarquizada, as novas condições sociais e econômicas (vida mais urbana do que agrária, por exemplo, o desenvolvimento das trocas comerciais etc.) exigiam um modo de relacionamento público, com destaque cada vez maior para a participação dos demais habitantes nas decisões coletivas, com a valorização da igualdade de condições e da discussão em comum dos rumos que as comunidades deveriam seguir.

A dimensão coletiva da vida formou-se de modo contrário à dinâmica da casa (*óikos*, em grego). No lar, as relações entre os membros eram hierárquicas, sem espaço para o debate. Os principais encontros domésticos realizavam-se em torno da mesa, nas refeições, reproduzindo de certo modo a celebração do Sagrado. Essa forma de vida valorizava a privacidade e o recolhimento em um espaço com regras próprias e distintas daquelas que começavam a estabelecer-se da soleira da porta para fora: uma esfera de todos os cidadãos, com um compartilhamento das decisões e ações, e à qual se chamará de esfera pública ou política.

Assim, para o grego do século VI a.C., havia duas esferas distintas na vida: uma que ocorria no interior do lar, na casa, ordenada por critérios "econômicos" (do grego *óikos*, donde *oikonomía*), e outra, a dos cidadãos, ordenada por critérios que são debatidos e escolhidos.

Em meio a essa diferenciação dos espaços, a arena (*ágora*) onde se debate sobre a vida e sobre as leis que organizam a cidade (a *pólis*) dá origem a um novo modo de compreender e explicar a convivência humana. A vivência nesse espaço comum resulta em várias mudanças nas atitudes e práticas.

1.2. O debate público: a *isegoría*

Uma primeira ordem de mudanças ocorre na adoção de uma forma compartilhada das decisões que afetam a todos, o que é uma das marcas principais desse modo de organização coletivo: o debate público.

Certamente por influência da grande atividade comercial que desenvolviam, os gregos forjaram o espaço público como um local de debate, de diálogo, de confronto de ideias. Esse ambiente exigia alguns pressupostos: os debates são realizados num local destinado a isso, a praça pública, ou *ágora*, que era um ponto de encontro e discussão dos assuntos que diziam respeito a toda a cidade. Esse espaço passa a ser o centro da cidade, seja por sua importância no que tange às decisões tomadas, seja porque todos os cidadãos a ele tinham acesso de modo igual. Como o centro de uma circunferência é o ponto equidistante em relação à borda, não sendo mais próximo de nenhum ponto privilegiado, assim também a *ágora* devia ficar num ponto de igual acesso a todos os cidadãos (homens adultos e livres, fato que não deixava de excluir as mulheres, as crianças, os escravos e os estrangeiros).

A existência de um lugar próprio para os debates públicos indica que havia um encontro periódico dos membros daquela comunidade para o exercício do confronto de posições. Esse exercício regular continha um aspecto central: a crença de que todos os membros da assembleia reunida na *ágora* eram portadores do *lógos*, quer dizer, da capacidade de pensar, refletir e convencer os outros, sendo todos dotados do direito de expressar seus argumentos. Aqui tocamos o cerne da tese que vê o nascimento da Política e da Filosofia como um nascimento concomitante: como as discussões na *ágora* pressupunham que os participantes eram portadores de *lógos*, esses debates favoreciam a reflexão, estimulavam o pensamento e a consciência sobre o modo de funcionar do próprio pensamento e das técnicas de convencimento.

Como chama a atenção Jean-Pierre Vernant, o debate público na *ágora* foi, de fato, o aspecto peculiar da cultura helênica em relação aos outros povos. A existência do debate, com um lugar específico e regras estabelecidas publicamente, significava que não havia nenhum portador único da verdade obtida por convencimento; essa verdade não era revelada aos demais concidadãos, mas resultava do debate e da decisão conjunta. No espaço da *pólis*, produz-se outro tipo de verdade, diferente da verdade sagrada ou da verdade da Natureza; na *ágora*, a razão humana obtém a dessacralização da dimensão pública da vida, instituindo outro tipo de ação e de modo de ver a vida. Isso não significa que os gregos deixassem de lado seus cultos e suas crenças religiosas; elas continuavam a existir, mas não eram mais impostas ao âmbito público da vida humana. A verdade sobre as coisas e os rumos a seguir no espaço coletivo não eram mais buscados em manifestações das divindades nem em seus mensageiros; todos os cidadãos deviam tomar parte na busca de soluções e assumir a responsabilidade sobre os destinos do âmbito coletivo.

Dito de outra maneira, o surgimento de uma técnica racional e argumentativa (*lógos*), típica da atividade política (*pólis*), levou à dessacralização do espaço público e a uma equiparação dos membros da cidade-Estado do ponto de vista de suas responsabilidades para com os destinos do que era público. Isso implicou uma homogeneização dos cidadãos e o fim da hierarquização social. Na *pólis* centrada no debate público não se admitia mais a figura de pessoas "superiores", sacerdotes, reis ou quem quer que estivesse acima dos outros e determinasse os rumos a seguir pelo conjunto dos habitantes. Os debates na *ágora* equipararam os cidadãos, tornando-os iguais perante o debate e as decisões, todos no mesmo nível no interior das discussões públicas. Todos os cidadãos tinham o direito de manifestar-se; essa prática ficou conhecida como *isegoría*, quer dizer, o igual direito ao discurso público, à manifestação das opiniões e ideias.

1.3. A isonomia ou igualdade na *pólis*

Será desse pressuposto de igualdade no debate, a *isegoría*, que nascerá um conceito central na política: em grego, a *isonomía* (em português, o termo é homógrafo, sem acento) ou igualdade perante as leis e as deliberações públicas. A ausência de uma hierarquia no debate exigia que não houvesse privilégios na aplicação do que era deliberado, deixando evidente que todos os cidadãos estavam no mesmo nível político.

Além de equiparar os participantes do debate, deixando todos no mesmo nível de responsabilidades para com a *pólis*, essa prática exigia e favorecia a reflexão. Além da crença na capacidade racional dos cidadãos, essa prática era acompanhada de outra exigência: a de que os cidadãos, ao falar em público, fossem racionalmente convincentes em seus discursos, quer dizer, que apresentassem razões e argumentos para convencer seus concidadãos. Numa palavra, que seguissem a ordem do *lógos*. Aqui, o termo *lógos* revela pelo menos duas acepções: é razão, argumento, motivos racionais, mas também é discurso, capacidade de expressar pensamentos por meio de palavras. O debate público favorece o *lógos* nesse duplo aspecto porque permite e exige que todos explicitem suas razões, "seus *lógoi*", mediante um discurso articulado e convincente, quer dizer, calcado em racionalidade.

A explicitação dos argumentos exigia que quem tomasse a palavra livremente seguisse as regras conhecidas e aceitas por todos. O "discurso racional" da *ágora* fazia que o foco de atenção não caísse sobre quem emitia o discurso, mas sobre aquilo que era dito e o modo como era dito. Na *ágora*, não se aderia ao que era afirmado com autoridade (em função de algum papel na hierarquia religiosa, na condição socioeconômica ou na carreira militar), mas ao que era apresentado com bons motivos para ser crido. O que tornava crível um discurso era o fato de ele obedecer à exigência de clareza e coerência. Se de um lado havia um orador livre para emitir seus argumentos, do outro estava um grupo de indivíduos que recebe esse discurso também de modo livre e o aceita ou não, dependendo da clareza e coerência dos argumentos. Caso as razões emitidas não fossem *razoáveis* o bastante para ser aceitas, elas eram refutadas também publicamente.

Podemos imaginar que, para entrar nesse debate livre, havia uma preparação do discurso, uma elaboração dos argumentos de modo a convencer o público ou a refutar uma posição indesejada. Como a única força nessa arena era o próprio *lógos*, os participantes eram levados a ampliar seu leque de argumentos e recursos discursivos. É nesse sentido que os debates públicos na *ágora* favoreceram um "desenvolvimento" do *lógos*, pois do contínuo e dinâmico confronto de ideias nasceram posições mais elaboradas racionalmente e melhores fundamentos para o agir coletivo que decidiam sobre os rumos da cidade. Desse ponto de vista, a existência do debate público e a possibilidade de todos os membros da cidade participarem dele marcaram uma atitude singular dos gregos antigos: a vida pública era determinada pelo uso do *lógos* como uma construção coletiva.

Afirmar que a razão é pública pode parecer um tanto quanto estranho para nós, pois a razão, como capacidade de pensamento e de argumentação, parece-nos algo que pertence ao indivíduo que a pratica; em nossos dias, há uma centralidade no "eu", no indivíduo como "eu pensante". Em vez disso, o grego antigo possuía outra compreensão sobre a autoria e o uso da razão. Eles viam, certamente, os indivíduos como centros de elaboração e enunciação de argumentos para a assembleia. Todavia, a razão manifestada nos indivíduos era vista como o reflexo da razão que ordena a Natureza, dando ainda mais força de convencimento a tudo o que era apresentado de maneira racional, articulada, clara e coerente. Além disso, uma vez apresentados nessa dinâmica, os argumentos eram assumidos pelo público e passavam a pertencer a todos que a assumiam, pois era também pela capacidade racional de cada um que se dava consentimento aos argumentos apresentados. Donde o *lógos* ser considerado público a partir de então no mundo grego.

Esse *lógos* público nascia do debate e o exigia. Não é à toa que Platão (428-348 a.C.), por exemplo, adotou o diálogo como estilo de redação de suas obras.

Ele, que é considerado um dos mais fortes modelos do pensamento político grego, concebia a própria atividade racional como um debate, que podia ser entre um mestre e seu discípulo, ou uma discussão na *ágora* ou, ainda, numa festa. O debate ou o confronto de ideias passa a ser uma exigência para que nasça o saber. Sob essa perspectiva, o *lógos*, concebido como argumento ou como conjunto de razões, apenas existe de fato quando é explicitado para um público, quando é testado e resiste. Isso revela o caráter profundamente público da concepção grega do *lógos*, diferentemente do que muitas vezes hoje nos parece natural, quer dizer, que cada um chega sozinho à verdade sobre as coisas, numa espécie de pensamento solitário e iluminado unicamente pelo próprio pensamento individual, sem confronto de posições e sem consideração das verdades dos outros.

Retornando ao nosso ponto de partida, verificamos como essas exigências para o debate público conduziram a uma reflexão sobre esses aspectos coletivos e comuns do próprio pensamento humano. A existência de confrontos argumentativos abertos na *ágora* fez que os próprios debatedores se vissem obrigados a discutir o modo de organização desse debate, as estruturas fundamentais da cidade, as obrigações de cada um para com o coletivo e aquilo que o coletivo pode assegurar para o indivíduo. É por isso que se afirma que a reflexão política nasceu junto com a ação política, pois tanto a ação política como a reflexão tomavam como ponto de partida os debates públicos realizados na *ágora*, centro espacial e institucional da vida na *pólis*.

1.4. A natureza da Política

Como visto, ao dizermos *Política*, invocamos tanto as ações que os cidadãos realizam no âmbito público e que são de interesse coletivo quanto o palco dessas ações. No limite e de modo bem sintético, a Política é a esfera do agir humano em que se dá a interação entre os cidadãos da perspectiva do interesse coletivo e com regras próprias.

Não podemos qualificar como ação política todo agir público (por exemplo, o comércio não é necessariamente político), nem todo conglomerado de construções ou pessoas forma uma cidade ou um espaço político. É necessário que a comunidade de cidadãos deseje que suas ações constituam um agir político e busque esse fim. Assim, é o resultado da ação que permite identificar uma comunidade como política.

Se ao longo dos tempos o agir político e o palco da ação política ganharam contornos e peculiaridades próprias, isso não alterou a natureza política desse espaço e dessa ação. O agir político comporta em sua natureza o germe da reflexão e do debate. Se a política cria leis e instituições, a vida política também é marcada pelo debate, pela reflexão coletiva, pelo confronto de argumentos e posições na busca de soluções e respostas que satisfaçam a coletividade.

Todos esses aspectos caracterizam a construção grega da Política. Foram os gregos que, por primeiro, constituíram esse modo de agir coletivamente e de pensar sobre ele: foi o surgimento conjunto da Filosofia e da Política.

2. O público e o privado

O surgimento da ação e do pensamento políticos trouxe à cena filosófica diferentes temas, mas um deles ganhou destaque: a diferença entre o que pertence à esfera pública e o que é privado.

Essa distinção não é fácil de entender se lembrarmos que, em nossos dias, ela parece algo natural e está presente quando ouvimos alguém dizer, por exemplo, que sua privacidade foi invadida, que a intimidade de alguém foi exposta, ou, ainda, que o que se faz em casa não tem nada que ver com a vida pública. Esses exemplos revelam uma preocupação atual com a interferência da esfera pública na vida privada ou desta na esfera pública.

Certamente alguém da Grécia clássica não teria preocupações como as nossas, pois, mesmo distinguindo o espaço público do espaço privado, os gregos não viam o público e o privado nem como opostos nem como indiferentes. Por exemplo, um grego não defenderia a ideia de que o que acontece em casa é algo que diz respeito somente aos indivíduos e às famílias, sem nenhuma relação com a cidade. Essa concepção, que é tão comum em nossos dias, não fazia parte do modo de pensar grego. A mitologia, a literatura, as artes, enfim, a cultura grega em geral procurava preservar um ordenamento da Natureza que incluía a vida social e familiar. Ninguém se sentia indiferente ao conjunto.

A distinção entre o público e o privado, no entanto, já aparece na sociedade grega e será um tema de grande importância na história das concepções de Política no mundo ocidental. Como mostrou Jean-Pierre Vernant, o nascimento da *pólis* como fenômeno social e político baseou-se nessa distinção.

Na mitologia grega havia uma deusa que simbolizava o lar e suas atribuições, a deusa Héstia. A associação dessa deusa à casa é uma das explicações para a noção clássica de que o espaço do lar é o domínio do feminino. Oposto à deusa do lar havia o deus Hermes, que simbolizava os viajantes. Hermes era o mensageiro, o negociante; nas representações, Hermes está sempre nas divisas, nas porteiras, do lado de fora, pois seu espaço é lá onde ocorrem as trocas, as negociações, os perigos, as aventuras, espaço que seria masculino, viril.

Com base nessa diferença entre a deusa do lar e o deus viajante, Vernant entende que, já no período arcaico (pelo século VIII a.C.), havia uma distinção clara entre as duas esferas da vida humana para os gregos. É essa diferenciação que se transfere para os primeiros escritos políticos do século V a.C., quando nasce o pensamento político, quer dizer, uma reflexão voltada para compreender e determinar o que é comum na convivência humana, a fim de, com base nessa compreensão, estabelecer o que pertence ao universo doméstico.

A interpretação de Vernant é confirmada pela estrutura da obra de Aristóteles (384-322 a.C.) intitulada *A Política*, composta de oito livros. No primeiro deles e já nos capítulos iniciais, Aristóteles trata de definir a *pólis* e o seu componente: o homem é um animal político. Depois dessas definições elementares, Aristóteles trata, ainda no Livro I, das questões econômicas ou domésticas para, no restante da obra, retomar as análises do mundo político.

2.1. A esfera pública

A esfera pública da vida grega, concebida por distinção com a esfera privada, era o campo da ação política. A esfera pública não era desvinculada da esfera privada, nem vice-versa, mas ambas tinham suas peculiaridades. O espaço público da *pólis* era o espaço "político"; e as ações que aí se desenvolviam eram também denominadas "políticas". Assim, a Política, tal como vivenciada na Grécia clássica, significava tanto o agir na cidade, a ação política, quanto o modo de organização da esfera coletiva.

Uma curiosidade: nas línguas modernas, quando pensamos em uma ação, geralmente temos um verbo para expressá-la (por exemplo, temos o correr, o estudar, o nadar, o dirigir etc.); contudo, a ação política não possui em nosso vocabulário um verbo correspondente, mas tão somente um substantivo: Política. Mesmo que se pense no verbo *politizar*, a denotação é a da ação de convencer alguém, algo próximo de um proselitismo ideológico e não de uma ação voltada para o público. Assim, para expressar o agir político, dizemos que "alguém faz Política" ou que "isso é Política". Além disso, em nossos dias, o termo *Política* é majoritariamente relacionado à ação partidária, à atividade dos partidos políticos, e só raramente faz referência às ações voltadas para o bem coletivo. Para falar do bem de todos, usamos o adjetivo *público*: serviço público, a missão pública, o agente público. Também não possuímos um verbo para denominar a ação que alguém faz em nome do bem coletivo.

Essas dificuldades em definir algo tão presente em nosso cotidiano não existiam no contexto grego do nascimento da Política e da Filosofia. Como registra Aristóteles, todo aquele que pode interferir na vida da cidade é denominado *polités*, quer dizer, "é político". Em grego havia mesmo o verbo *politzein*, que significava "construir uma cidade".

Nos Livros III e IV da *Política*, Aristóteles busca definir o que é "ser político". A primeira característica é que o político não possui essa condição porque ela foi herdada dos pais, porque nasceu em determinado lugar, ou, ainda, porque possui certo nível de renda etc. A condição de político se define a partir da capacidade de o cidadão interferir na vida da cidade, poder ocupar cargos públicos e desempenhar funções próprias da vida pública (tomar parte nos debates nas assembleias, ocupar postos militares, participar dos julgamentos, mediar as negociações com outros povos etc.). Então, a condição de político não é algo extrínseco ao cidadão, mas algo que ele desempenha, quer dizer, o agir político é que torna político o cidadão. Em outras palavras, será político todo aquele que realizar uma ação designada em nome da *pólis*.

Definido quem é o político, a preocupação seguinte de Aristóteles se volta para quais qualidades esse indivíduo deve ter para realizar bem as funções políticas. Nisso há uma novidade, pois, segundo o filósofo, não é necessário que esse político seja um homem dotado de muitas virtudes nem que seja uma modelo de todas as virtudes éticas, mas que tenha ao menos a virtude política. Hoje essa opinião de Aristóteles poderia parecer estranha, pois tem se fortalecido cada vez mais, no mundo atual, o desejo de que os representantes políticos sejam honestos, leais, verazes, enfim, que tenham algumas virtudes valorizadas como básicas. No entanto, Aristóteles não diz que os representantes políticos não precisam ter virtudes. Seu raciocínio é mais simples e, portanto, mais forte: o político deve ter pelo menos a virtude política, que consiste basicamente em *cumprir as determinações que a* pólis *lhe atribui*. Se o indivíduo cumpre corretamente essa missão pública, ele deve ser considerado um político completo, ainda que não seja um exemplo de coragem, lealdade ou outra virtude. Em suma, será político quem possuir ao menos essa qualidade, o que não significa que o político não tenha de ter outras virtudes; caso não as possua, isso não retira sua condição de alguém que cumpre as suas responsabilidades para com a *pólis*.

Outro aspecto determinante para a definição do político e da virtude política é a capacidade de agir politicamente, ou seja, a capacidade da participação política. Dizer isso parece uma redundância depois de termos falado da virtude política, mas, na verdade, permite compreender o que é a virtude política segundo Aristóteles. No seu dizer, nem todos os habitantes de uma *pólis* eram políticos: as mulheres, os escravos, os estrangeiros e as crianças, ainda que fossem animais políticos por natureza (*zoá politiká*), não tinham a virtude da Política porque não praticavam ações políticas. Com efeito, no contexto em que vivia Aristóteles, as mulheres ocupavam-se de outras funções, como as responsabilidades do lar; não eram consideradas, então, cidadãs. O mesmo ocorria com os estrangeiros, mas por razões diferentes: em geral, eles não dominavam a língua dos debates, mas só balbuciavam, sem participação efetiva nas discussões. Quanto aos escravos e às crianças, eles eram considerados "externos" aos debates e às decisões por sua inabilidade e inadequação. Assim, essas personagens sociais não eram dotadas da virtude política, pois não tinham a prática da ação política. Além disso, havia a concepção de que, para o bom funcionamento da *pólis*, não era razoável que todos tomassem parte nas assembleias e nos cargos públicos, pois alguns deviam se ocupar de outras atividades também necessárias à vida da cidade (a agricultura, a confecção de roupas, armas, as responsabilidades do lar etc.). Quem cuidava dessas atividades, mais econômicas e menos públicas, era visto como um "político incompleto", pois não participava ativamente do dinamismo que decidia sobre a vida da cidade. Isso não quer dizer que, segundo Aristóteles, esses indivíduos não possuíam *lógos*. Aristóteles jamais afirmou isso; no seu dizer, alguém que não toma parte nos debates e nas deliberações não possui um discurso ou razão elaborada na prática pública.

A concepção aristotélica levou Aristóteles, em nossos tempos, a ser acusado de machismo. Isso é um anacronismo total, pois a preocupação feminista não existia entre os gregos. A exclusão das mulheres da esfera pública, no dizer do filósofo, decorria da sua impossibilidade de participar ativamente da vida da *pólis*, e não porque elas não tivessem *lógos*. Esse fato, aliado à constatação de que havia uma clara distinção entre os espaços doméstico e público, corroborava a impossibilidade de a mulher desempenhar um papel ativo nas decisões sobre os rumos da cidade.

2.2. A esfera privada

A esfera da vida privada, no mundo grego, tinha um modo de funcionamento peculiar e mesmo, por vezes, oposto à esfera pública. Por exemplo, não se exigia, no âmbito do lar (*oîkos*), que houvesse isonomia entre os seus membros. Uma das relações que simbolizavam a vida do lar era a existente entre o senhor e o escravo, ou seja, uma relação hierarquizada de comando e obediência, contrário ao que se passava no espaço político.

Nesse modelo de lar também não havia *isegoría*, pois não era amplo e universal o direito ao discurso e à tomada de posição. No lar, as falas obedeciam a critérios hierárquicos muito bem definidos.

A vida privada, ainda, distinguia-se da vida pública porque, entre os gregos, o privado submetia-se ao público em tudo o que interferisse nos destinos da *pólis*.

Aristóteles explica a submissão do privado ao público em termos de uma coordenação ética, quer dizer, de um conjunto de qualidades e ações que as pessoas podem desenvolver para alcançar a plenitude de sua natureza ou felicidade. Os valores e virtudes éticas eram vistos como ideais e práticas exercidos no convívio com as demais pessoas, numa atividade constante. A Ética possuía, então, um caráter claramente político; havia uma referência constante ao coletivo, numa inter-relação de valores comuns, qualidades pessoais e concepções políticas, mostrando que o que define os seres humanos é seu caráter social e gregário ou a sua natureza política.

Em outras palavras, segundo Aristóteles, do ponto de vista da nossa definição, primeiro somos seres sociais que precisam viver com os demais seres humanos. Em função dessa necessidade natural, nos organizamos politicamente, pois a melhor forma de vida social é a organização da comunidade em função do bem público. Todas as ações e qualidades que colaborassem para esse fim deveriam, então, ser valorizadas e exercitadas pela comunidade política.

Essas relações tenderão a entrar em tensão na Era Cristã, como veremos a seguir.

3. Ética e Política no Cristianismo latino medieval

Se entre os gregos já se podia observar o tema da relação entre a Política e a Ética, numa coordenação de ambas e em referência constante à vida pública ou política, as dificuldades de delimitar o âmbito da normatividade ética e o das determinações políticas aparecem com força para os cristãos latinos da Idade Média, dos quais o Ocidente é herdeiro direto em muitos aspectos culturais. As dificuldades se prenunciavam nos escritos bíblicos e ganharam contornos de tensão já nos primeiros séculos da Era Cristã.

A fonte dos problemas está menos na forma como a Política era concebida entre os cristãos latinos e mais no modo como compreendiam a si mesmos na vida em sociedade. Nos escritos evangélicos observa-se certa crise de relações entre os cristãos e o mundo político quando os discípulos perguntam a Jesus Cristo o que fazer acerca do pagamento dos impostos, ouvindo dele a frase clássica: "Dai a César o que é de César e a Deus o que é de Deus" (Mateus 22, 21). Com esse conselho, Cristo exorta seus seguidores a cumprir seus deveres de cidadãos, mas deixa explícita uma separação entre as obrigações religiosas e as cívicas, sem que uma interfira na outra.

3.1. O Cristianismo não é uma moral em primeiro lugar

O problema se amplia quando, nos primeiros séculos da nossa era, os cristãos se veem diante da necessidade de, como cidadãos romanos, realizar atos que contrariam suas convicções religiosas. Nesse caso, algum dos lados não era atendido: ou o cristão desobedecia ao governo romano e seguia suas convicções religiosas ou descumpria suas convicções cristãs e agia conforme determinava o governo.

O Cristianismo nasceu como uma proposta de vida, fazendo crer que todas as ações humanas convergem para uma finalidade: o encontro com Deus numa relação que continua após a morte. Esse era o sentido cristão para o termo *religião*, remetendo a uma relação pessoal com o ser divino. Aos poucos, foram sendo formuladas regras que exprimiam modos de ser cristão no mundo e traduziam na prática o que os cristãos consideravam condizente com a nova visão sobre Deus.

Diferentemente, no mundo antigo, a religião grega e romana fornecia valores e cultos que unificavam as pessoas em torno da vida pública. As mitologias não postulavam um conjunto de normas e condutas da prática cotidiana para viver de acordo com a vontade dos deuses nem com vistas a uma vida pós-morte. A religião tinha um sentido mais imediato e pouco transcendente. Com o Cristianismo, isso muda, pois o cerne da doutrina cristã consistia em dizer que cada pessoa era amada por Deus tal como era e podia realizar ações iluminadas pela revelação bíblica, tornando-se mais feliz do que se apenas vivesse de acordo com a vida política ou social. Assim, diferentes visões de conduta cristã começaram a dar forma à vida humana, enfatizando sobretudo o aspecto pessoal, individual, ou, se quisermos, privado.

Quanto ao aspecto público, o Cristianismo não se apresentava como uma proposta de governo, de controle dos territórios e das pessoas, mas como uma proposta de salvação íntima. É certamente muito simplista dizer que o Cristianismo surgiu como um conjunto de propostas éticas, pois ele era mais do que isso; ele abria um novo horizonte de relação com Deus e de realização da felicidade. Os códigos de conduta cristã (ou códigos de moral) só surgiram à medida que os adeptos da fé cristã eram levados a decidir se certas ações eram ou não condizentes com sua experiência de fé. Por exemplo, diante da possibilidade de uma família livrar-se de filhos portadores de deficiência física (costume comum entre gregos e romanos), os cristãos passaram a recusar essa prática, baseados na crença de que todos os humanos são amados individualmente por Deus e não apenas da perspectiva de sua participação na vida pública. Foi assim que surgiram, ao que tudo indica, as primeiras práticas históricas que estão na origem dos orfanatos, pois os cristãos recolhiam as crianças deficientes abandonadas por suas famílias.

Também é verdade, porém, que as formas de vida cristã, com o passar do tempo, produziram códigos de conduta ética, chegando mesmo, em alguns casos, a produzir tensões com as determinações políticas. No conjunto da sociedade romana, por exemplo, os cristãos seguiam, a um só tempo, seus valores éticos e as práticas sociais pagãs. Isso não implicava necessariamente problemas na vida pública quando não havia oposição entre aquilo que a prática cristã ensinava e aquilo que o governo romano estipulava. Mas problemas nasciam quando havia algum conflito desse tipo. Por exemplo, quando um cristão atuava como soldado, via-se em dificuldades ao ter de matar outras pessoas em contextos que não fossem de defesa, mas de perseguição ideológica. Em casos como esse, instalava-se um dilema ético: a quem obedecer? À lei civil ou à consciência cristã? Muitos, então, abandonavam sua função pública e mantinham-se fiéis à sua fé. Esse é um caso emblemático para mostrar como os cristãos entendiam que a vida pública ou política não era o lugar da mais perfeita realização da vida humana. Para eles, a realização da vida estava, acima de tudo, na fidelidade a si mesmos, em obediência à verdade que experimentavam existencialmente e que era revelada por Deus. Isso os motivava a seguir os preceitos de conduta cristã, beneficiando-se do que consideravam a felicidade dada pela fé já neste mundo, prolongando-se na vida futura, a da plenitude junto de Deus.

O pensador cristão Agostinho de Hipona (354-430 d.C.) mostrará, em seu livro *A Cidade de Deus*, o cerne dessa visão e oferecerá uma nova compreensão da vida coletiva e política em função da busca da felicidade perfeita e não apenas da felicidade provisória que a convivência sociopolítica podia oferecer.

Agostinho servia-se da imagem de duas cidades: a Jerusalém terrena e a Jerusalém celeste. Todos os humanos habitam a cidade terrena, porém o cristão apenas "está" nela, sem pertencer a ela; ele age e se prepara para a vida na cidade celeste, quando obterá em plenitude a felicidade perfeita que já antecipou na cidade terrena. O cristão vive, então, na Jerusalém terrena com os olhos fixos na Jerusalém celeste, agindo em vista da salvação de sua alma e gozando desde já de benefícios que serão ampliados e completados na vida eterna. Para chegar à Jerusalém celeste, o cristão não se apega às coisas mundanas, terrestres e corruptíveis, mas também não as despreza, pois tudo o que existe é bom em si mesmo. O que o cristão devia fazer, segundo Agostinho, era compreender da perspectiva da eternidade tudo aquilo que existe. Em outras palavras, viver tudo como preparação para viver na Jerusalém celeste.

Mas, se tudo neste mundo (a cidade terrena) é instável e corruptível, como pode o cristão viver com os olhos fixos na eternidade (a cidade celeste)?

Com base em sua fé, o cristão vê diferentemente as coisas mundanas; ele sabe que elas são provisórias e darão lugar a uma realização plena. Ele não as desvaloriza nem tenta negá-las, mas relativiza a importância delas, pois as compreende precisamente como passageiras e preparatórias para a felicidade eterna. A mudança introduzida pelo Cristianismo está na perspectiva com que olha a realidade. No que diz respeito às ações, essa mudança de visão exprime-se pelo que os cristãos chamarão posteriormente de intenção: o valor do que se faz não está somente nas ações mesmas, mas na intenção com que elas são praticadas. Por exemplo, um cristão e um não cristão ajudam alguém necessitado com intenções diferentes. A ação é a mesma, quer dizer, auxiliar um ser humano, mas, do ponto de vista da intenção ou do motivo da ação, elas são diferentes, pois, enquanto o não cristão faz apenas um ato de filantropia, sem nenhum outro sentido senão o de certo amor pela Humanidade, o cristão, além da filantropia, faz o mesmo ato também por amor a Deus.

Esse exemplo é bastante adequado à nossa reflexão, pois permite uma série de desdobramentos. Poderíamos dizer que o cristão tem certo interesse em fazer o bem a alguém necessitado, pois não age apenas por amor à Humanidade, mas também pensando em agradar a Deus, quer dizer, de olho na vida eterna. Já o não cristão, ao não pensar na recompensa divina, seria mais autêntico, porque menos interessado em benefícios outros senão os do simples amor à Humanidade. Mas essa interpretação contém um equívoco: o fato de o cristão ajudar o próximo também por amor a Deus não quer dizer que ele não tenha filantropia ou amor gratuito pela Humanidade. Ele pode ter as duas coisas, pois elas não são excludentes.

Além disso, do ponto de vista histórico, os acontecimentos mostram que a atitude cristã deu origem a algo como um amor realmente universal pela Humanidade e não apenas um amor que é praticado somente quando quem ama não se sente desconfortável. Assim, um filantropo pode invocar limites além dos quais não precisa ir; pode escolher não ajudar uma pessoa necessitada se ela for má ou estiver tomada por uma doença contagiosa. Os cristãos, movidos pelo amor a Deus, são chamados a superar as fronteiras do publicamente adequado ou do risco humanamente aceitável e ir ao encontro da pessoa necessitada, mesmo que ela não pareça "merecedora" de ajuda. Todos serão merecedores porque são amados individualmente por Deus. Esse dinamismo vivido internamente (o da intenção que leva à ação) é um elemento que os cristãos introduziram na História da Filosofia e que surte efeitos ainda nos dias de hoje, seja da parte dos que o aceitam, seja da parte de quem o recusa.

3.2. A moral da intenção

O tema da intenção foi amplamente desenvolvido, chegando a aspectos bastante cotidianos. Com base no pensamento de Santo Agostinho, diferentes autores cristãos discutiram até que ponto um ato pode ser considerado criminoso perante Deus (um ato pecaminoso) se o seu autor não tinha consciência clara de que tal ato era condenável. Inversamente, perguntava-se também se alguém já não é um criminoso perante Deus mesmo que não pratique um ato condenável, mas nutra em seu coração o desejo de praticá-lo. Por exemplo, não pode ser considerado ladrão quem come frutas de um terreno que aparentemente não tem dono. Por outro lado, não será preciso violentar sexualmente uma pessoa para já ser considerado culpado, pois basta ter nutrido conscientemente esse desejo para tornar-se responsável por ele. Os autores cristãos, assim, levam ao extremo a importância da consciência individual na definição do sentido das ações individuais e coletivas. A esfera pública não será a instância fornecedora do sentido da vida individual, como pretendiam os gregos. Com o Cristianismo medieval, a consciência de cada indivíduo passa a ter uma importância tão grande quanto a atuação pública para a determinação da vida individual e coletiva.

O filósofo Pedro Abelardo (1079-1142) desenvolveu intensamente a "ética da intenção", continuando o trabalho filosófico de Agostinho de Hipona e de outros autores, mas imprimindo um caráter original à tentativa de deslocar o núcleo do sentido da ação, tirando-o da ação em si mesma e situando-o na consciência de quem pratica a ação. Em outras palavras, Abelardo produziu uma reflexão robusta sobre o que dá o valor à ação humana. No seu dizer, esse valor decorre da adesão ou da recusa internas que as pessoas dão ao sentido com que praticam a ação. Assim, o que torna uma pessoa responsável pelo que faz é a sua consciência e o dinamismo interno pelo qual ela adere a um sentido para essa ação ou recusa esse sentido.

Por exemplo, segundo Abelardo, se alguém roubou frutas, tendo consciência de que sua ação era um roubo, já aderiu a esse sentido e determinou o valor de sua ação. Caso essa pessoa sinta prazer ao comer essas frutas, não aumentará sua responsabilidade no ato criminoso, pois o prazer não é algo proibido. No contexto religioso da Idade Média, quando se considerava o "olho" divino como um juiz a ser respeitado, o fato de sentir prazer com algo roubado era visto como um agravante do crime. Segundo Abelardo, porém, isso só seria um agravante se Deus tivesse proibido o prazer. Mas ele não proibiu; a prova é que um alimento obtido de maneira justa também dá prazer. Então, ter prazer com frutas roubadas não aumenta a gravidade do roubo. O sentido do ato é dado inteiramente na consciência do roubo, independentemente do prazer que vem com o ato de comer as frutas roubadas.

Como é muito difícil para um ser humano julgar a intenção de outro indivíduo, a ética da intenção torna muito mais sofisticada a avaliação dos atos humanos. É preciso que se instale um jogo de confiança e de prova. Não podemos desconfiar da intenção de ninguém se não houver motivos óbvios para isso. Ao mesmo tempo, ainda que haja motivos que pareçam óbvios, é possível dar o benefício da dúvida a esse alguém, pois, no limite, só o próprio indivíduo e Deus sabem o que de fato há na mente desse indivíduo. Mas a ética da intenção não exime ninguém da responsabilização objetiva pelos atos, quer dizer, pelos efeitos coletivos de um ato. Assim, independentemente da consciência de alguém, caso seu ato seja condenável pela coletividade, ele deve ser punido. Instala-se, assim, a dinâmica entre a dificuldade de julgar a intenção de alguém e a necessidade de julgar os atos. Em linguagem jurídica, costuma-se dizer que "não se julga a intenção, mas o ato", ao mesmo tempo que a consideração da intenção permite uma avaliação mais justa do ato. Dinâmica complexa. Mas complexa não é a vida humana?

Do ponto de vista da reflexão sobre a Política, a contribuição do Cristianismo medieval para o Ocidente é de profunda significação. Em primeiro lugar, porque introduz no campo da reflexão o universo da consciência individual como fonte de sentido para a ação humana, fazendo considerar, dessa maneira, a possibilidade de compreender e construir a Política como uma expressão de intenções individuais e acordos sociais. Além disso, como faziam os gregos e romanos, os pensadores cristãos, ao falar das instituições e indivíduos dotados de autoridade (governos), continuavam uma concepção em que a Política se punha a serviço de um ideal externo a ela. Os gregos falavam do Bem comum; os cristãos falavam do Bem comum de acordo com a vontade ou o Reino de Deus.

Numa palavra, embora o Cristianismo medieval tenha mantido a ideia grega de uma vinculação da Política à Ética, também introduzia um novo modo de entender a História. A existência humana não era mais vista como um ciclo natural e constante, tal qual pensavam os gregos, mas como um caminho ascendente de uma Humanidade frágil que só se realizará plenamente em sua união com Deus. A vida no corpo não será desprezada, mas os prazeres e sofrimentos serão ressignificados pela perspectiva da possibilidade de eternizar-se no ser divino. O drama salvífico, como define Agostinho de Hipona, será o de uma Humanidade imperfeita, a Jerusalém terrestre, que peregrina neste mundo para alcançar a Jerusalém celeste. Mas a Jerusalém celeste deita suas raízes já na Jerusalém terrestre. Quer dizer, os cristãos acreditavam que neste mundo e na vida presente têm início o mundo futuro e o gozo da vida eterna. Isso começa a ser feito quando a vida humana é iluminada pela fé, pelo cultivo do amor universal (caridade) e pela atitude de esperança, fundamentada na alegria da relação com Deus. A divisão em duas cidades, portanto, não levava os cristãos a viver esta vida "sonhando" com a vida futura, mas a fecundar a vida presente com o sentido da vida eterna.

Essa visão da História confirma que a implicação filosófica mais importante do Cristianismo para a reflexão política é a possibilidade de a Política ser determinada por um ideal externo a ela. Sem um ideal transcendente (a que se pode chamar Bem comum ou Deus), a Política, para os autores cristãos, seria uma atividade inautêntica, podendo produzir governantes tiranos (que definiriam, por sua vontade particular, o que seria o bem de todos).

3.3. Filósofos cristãos e políticos

Não foi à toa que filósofos, mesmo cristãos, entraram na atividade política institucionalizada, buscando construir relações que lhes pareciam justas. Foi o caso, por exemplo, do romano Boécio (475-525), que chegou a ser senador e chefe de governo do rei Teodorico. Dotado de extrema inteligência e grande cultura, Boécio trabalhou na política como um intelectual engajado, o que o levou a denunciar, no Senado, abusos contra certas colônias romanas. Ao fazer isso, porém, foi vítima de um complô: alguns senadores se sentiram humilhados, pois eram os responsáveis pela exploração denunciada por Boécio, e criaram um motivo para acusá-lo. Como Boécio mantinha correspondência teológica com o imperador do Oriente, os senadores que se sentiram provocados acusaram Boécio de tramar um golpe contra Teodorico, com o apoio do Império Romano do Oriente. Teodorico, mesmo tendo uma amizade profunda por Boécio, sentiu-se obrigado, para evitar uma crise com o Senado, a condená-lo por crime de lesa-majestade.

Na prisão, Boécio escreve sua obra-prima, *A consolação da Filosofia*. Nessa obra, que já foi definida pelos historiadores como um texto filosófico escrito por um político, Boécio se coloca uma questão até hoje central para os humanos: se fiz tudo correto, por que minha vida é marcada por sofrimento? O autor adotará a mesma distinção cristã entre o âmbito da consciência pessoal (privada) e a vida política (pública) porque vê a injustiça que a vida política pode conter em detrimento da vida pessoal correta.

Como cristão, o drama de Boécio aumenta ao pensar que Deus, um ser onisciente e onipotente, permite que os infortúnios façam sofrer os seres humanos justos. Por que Deus permite que o mal ocorra para quem é bom? A busca de razões leva Boécio a reafirmar a importância da dimensão terrena da vida humana e a ver que, sem os olhos fixos na eternidade (como ensinava também Agostinho), as pessoas podem transformar a existência em um palco de sofrimentos. Mas Deus, em respeito total à liberdade humana, e mesmo tudo sabendo, não interfere naquilo que cabe aos humanos construir; ao contrário, ele dá a cada pessoa a responsabilidade por seus atos conscientes. Nossa dificuldade em compreender a ciência divina vem do fato de que não conhecemos as coisas como Deus as conhece. Mas é certo que Deus somente permite que o bem ocorra porque isso lhe permite tirar um bem maior: o da liberdade humana. Nesse sentido, Deus não prevê os atos futuros dos seres humanos porque ele mesmo não tem passado nem futuro. Ele simplesmente os vê, num presente eterno.

A Idade Média na Europa latina foi profundamente marcada pelos critérios éticos cristãos na esfera pública. Houve como que uma inversão do que os gregos viviam como público e privado, pois, agora, o privado (campo da experiência pessoal) mostra-se muitas vezes como independente do campo público. Em comum com as filosofias gregas, a doutrina cristã põe a Ética acima da Política. É claro que nem sempre os governantes e homens públicos cristãos mantiveram o ideal ético como norte do jogo político; em alguns casos, eles até manipularam a fé para justificar ações que seriam, em princípio, contrárias aos preceitos cristãos e voltadas apenas para a conservação do poder. Porém, do ponto de vista do pensamento cristão sobre a Política, o objetivo de construir o Bem comum (iluminado pela fé) tornou-se valor incondicional na Idade Média; buscava-se a construção de um reino de paz, o Reino de Deus. Esse valor está na origem das concepções humanistas do Renascimento e da Idade Moderna, embora, do ponto de vista político, a compreensão do exercício do poder mudará com bastante clareza, como veremos a seguir.

4. A autonomia da Política

A relação entre Ética e Política, própria do mundo cristão medieval latino, sofre nova inversão nos séculos XV e XVI.

Desde os séculos XII-XIII, mudanças começaram a ocorrer no pensamento político com a redescoberta do conjunto dos textos aristotélicos na Europa. Com efeito, entre os séculos V e X, os povos da Europa latina tiveram contato apenas parcial com as obras filosóficas de Aristóteles, por causa do fechamento das bibliotecas durante o declínio do Império Romano do Ocidente. Conheciam-se apenas as obras de Lógica e parte das obras de Física e Metafísica. A obra *A Política*, por exemplo, só foi conhecida nos séculos XII-XIII. Sua primeira tradução para o latim é de 1265, exercendo grande impacto na compreensão do exercício do poder, principalmente por uma revalorização da ação política por si mesma.

Apenas para mencionar um caso bastante conhecido da influência das ideias aristotélicas no contexto cristão dos séculos XIII-XIV, podemos lembrar Guilherme de Ockham (1288-1347), que, com a obra *Brevilóquio sobre o principado tirânico*, defendeu a autonomia do poder civil ou terreno em relação ao poder papal, que representava códigos de conduta cristã, sendo um dos precursores das teorias de separação entre os poderes civil e religioso.

A tendência do movimento de redescoberta do pensamento político aristotélico foi levar à estruturação de algo que só existiu timidamente na Idade Média, quer dizer, uma reflexão especificamente política. Por sinal, recuperou-se o vocabulário político grego, fazendo-se vir à tona termos quase nunca utilizados na linguagem medieval, como *democracia, oligarquia, aristocracia* etc. Os séculos XIV, XV e XVI viram, pois, o renascimento de uma reflexão política que buscava novamente a revalorização da ação política por si mesma (e não apenas em vista da realização do Reino de Deus) e da participação política na vida da cidade, buscando-se entender a ação política em seu dinamismo próprio, sem a vinculação com critérios éticos e morais, sobretudo de caráter religioso.

As características da Idade Moderna, com a descoberta do Novo Mundo, o desenvolvimento do capitalismo comercial, os problemas ligados aos conflitos religiosos, o descompasso entre ensinamento religioso e prática sociopolítica, além de outras razões, estão entre os motivos que levaram os pensadores modernos a buscar uma compreensão da Política desvinculada de valores éticos que restringissem o alcance do exercício do poder.

No início do século XVI, um autor de grande destaque foi Nicolau Maquiavel (1469-1527), iniciando uma nova fase na filosofia política. No seu dizer, o mundo da política não somente não é pautado por critérios éticos (ou critérios vindos da esfera privada), mas a Política deve possuir autonomia para estabelecer suas próprias regras ou seu próprio funcionamento. Particularmente no livro *O príncipe*, sua obra mais famosa, Maquiavel defende que a esfera política tem um código de conduta próprio, no qual os valores morais e éticos não devem ser considerados quando são obstáculos ao agir político.

Desde que foi publicado, *O príncipe* suscitou grande debate em torno de suas afirmações polêmicas, por exemplo: o governante deve fazer o mal de uma vez só e o bem aos poucos; o governante que é sincero perde o seu governo e aquele que mente conserva-o. A justificativa de Maquiavel consistia em sua visão de que os critérios éticos não apresentam resultados positivos para o governante em sua tarefa de governar. Ao contrário, eles costumam enfraquecer o governante e mesmo levar à perda do poder. Ora, se o governante visa ao poder, deve se esforçar por mantê-lo, fazendo seu jogo específico, independentemente de critérios éticos. Donde a necessidade, por exemplo, de adotar posturas que não são facilmente aceitas no cotidiano, embora gerem bons efeitos na conservação do poder.

Dito de outra maneira, um dos pontos centrais do pensamento político de Maquiavel é mostrar que o universo da Política possui regras próprias. Não somente ele deve ser separado do mundo privado, mas contém um dinamismo específico, justificável e admissível apenas no contexto político, gerando bons efeitos para o poder que governa a vida em sociedade.

A Política, assim, ganha autonomia em relação à Ética. Os dois campos passam a ser vistos como independentes e sem a necessidade de coordenação entre si. Depois dos textos políticos maquiavelianos, para além de pensar as relações entre Ética e Política, os pensadores trataram de entender melhor o que significa a autonomia das ações políticas, além de como e por que ela apresenta de fato uma eficácia prática.

O conceito de poder passa a ser central na reflexão pós-maquiaveliana, a ponto de alguns entenderem que a "reflexão política" consiste numa "reflexão sobre as relações de poder".

A noção de poder político nasce no século XVII com a filosofia de Thomas Hobbes (1588-1679). Em grandes linhas, o poder político seria uma relação de comando e obediência entre um poder soberano e seus súditos. Segundo Hobbes, as relações políticas parecem ter alguém que manda, com força o bastante para fazer impor sua determinação, e alguém que obedece, seja porque aceita a ordem, seja porque teme os efeitos da força e não faz ou não pode fazer nada contra ela.

Considerando a definição hobbesiana, vemos que não é possível falar em "poder político" antes do século XVI. Assim, não é de todo correta a definição presente em livros escolares, segundo a qual a palavra grega *crátos* significa "poder", como em *democracia*, que seria o poder (*crátos*) do povo (*demos*), ou em *aristocracia*, que seria o poder dos mais nobres (*aristói*). Para entender o sentido antigo do termo *crátos*, é importante distinguir entre poder e governo, lembrando que, desde os gregos até os séculos XIV-XV, a noção de governo não significava uma relação de comando e obediência, imposta pela força do soberano que governa.

Na Antiguidade greco-romana e na Idade Média, a direção política era atribuída a indivíduos e grupos políticos que combinavam no comando das ações. Essa direção política tinha uma função executiva, ou seja, os dirigentes colocavam em prática aquilo que a assembleia ou o grupo político havia determinado; eram os executores das deliberações. O governante ou os governantes, conforme o caso, tinham a missão de dirigir a cidade e não possuíam a capacidade de impor suas vontades em virtude da sua condição política destacada. Podemos evocar como exemplo o sentido original da palavra *rei* no mundo antigo e medieval: de acordo com o historiador Michel Senellart, o substantivo *rei* vem do verbo *regere*, que significa "reger", "dirigir". Nessa ação de comando, o rei (tanto quanto o bispo, no Cristianismo medieval, ou o capitão de um navio) orienta seus subordinados, indica o caminho, aponta o rumo, mas não impõe essa direção com uma força fundada em si mesmo. Em outras palavras, não tem "poder". A figura de reis absolutistas, cujo poder funda-se neles mesmos, é uma criação da Idade Moderna. No mundo antigo e medieval, os reis e governantes em geral estavam a serviço de algo (o Bem comum, interpretado ou não como tarefa divina); daí falarmos de "governo" e não de "poder político" para nos referirmos às concepções políticas anteriores ao século XVI.

Dessa perspectiva, traduziremos melhor *democracia* por "governo do povo", em vez de "poder do povo", tanto como *aristocracia* seria "governo dos melhores", *oligarquia*, "governo de poucos" e assim por diante. Apenas a partir do século XVI, e particularmente no século XVII, com as teorias políticas modernas, é que a ação de governar se transforma em exercício de poder, de comando de um poder soberano que exige obediência. Isso permite entender por que Maquiavel dedicou-se com tanta intensidade à compreensão do dinamismo do exercício do poder. Se o poder passa a ser visto como algo cuja finalidade é ele mesmo e não mais a realização de alguma finalidade extrínseca a ele (como o Bem comum ou a construção do Reino de Deus), era legítimo, do ponto de vista maquiaveliano, considerar a Política à parte, em si mesma, como jogo de obtenção e conservação do poder, e não mais como uma prática a serviço de valores éticos. Podemos ver, assim, que Maquiavel não defendia algo como uma "atividade política sem ética", mas uma compreensão da Política em seu estatuto próprio, o de ser o exercício do poder, uma vez que a finalidade do poder, agora, não está mais fora dele, mas é ele mesmo, ou, se quisermos, é a sua manutenção.

5. Estado *versus* sociedade civil

As filosofias políticas antigas, apesar de suas múltiplas formas, possuíam um dado comum, explicitado por Aristóteles: mesmo que o exercício da razão e a exposição de argumentos ocorressem nos cidadãos, sabia-se que eles só podiam ser definidos como entes políticos em função da existência da cidade. Com o pensamento cristão, inicia-se uma mudança: apesar da dimensão social da vida, a base de toda reflexão e de toda prática era o indivíduo, a ponto de poder mesmo existir uma relativização das instâncias públicas (como a lei, por exemplo) em benefício da afirmação da consciência individual. No entanto, seja para os antigos, seja para os cristãos medievais, o fundamento da Política é externo a ela: é o bem da cidade ou a construção do Reino de Deus.

Nos inícios da Modernidade, ocorre a inversão maquiaveliana, que situou o fundamento da Política no interior dela mesma: o exercício do governo. Nas palavras de Hobbes, trata-se da manutenção do poder político. A Política, assim, deixa de ser a atividade de governar em vista do Bem comum para tornar-se a atividade de exercer o poder. Um dado, porém, a Modernidade conserva de sua herança cristã: a valorização do indivíduo. Em vez de dizer que é a cidade que faz os cidadãos, como afirmavam os antigos, agora os modernos, como diziam os cristãos, afirmam que são os indivíduos que fazem a cidade.

Como lembra o filósofo Giorgio Agamben, não havia, entre os cristãos medievais, a fascinação pelo poder que caracteriza o poder na Idade Moderna; mas o esquema cristão de considerar o indivíduo fundamento de todas as ações livres permanece em meio às mutações modernas de apego ao poder. Em versões epistemológicas e metafísicas, os modernos falarão de subjetividade para referir-se ao indivíduo como fundamento, o que terá consequências claras para o pensamento político.

5.1. O contrato social

Com a ênfase na noção de subjetividade, o fundamento do campo político passa a ser considerado o indivíduo como sujeito de seu pensamento e de suas ações, o que, em outros termos, significa falar do indivíduo como *sujeito político*. Dito de outra maneira, a reflexão política moderna, em geral, partirá do pressuposto de que há um sujeito pensante que é também um sujeito político, portador de direitos e deveres mínimos. A sociedade, por sua vez, será concebida como fundada em indivíduos; da associação deles é que nasceria a sociedade civil. Tal associação será entendida em termos de um pacto social ou um acordo que assegure direitos mínimos de proteção desses sujeitos no Estado que os governa.

Diferentes foram os modos de explicar a associação dos indivíduos por meio de um pacto social. O filósofo Thomas Hobbes dirá que os contratantes, movidos pelo medo de que a vida pública se torne uma guerra de todos contra todos, delegam poder ao Estado (o governo institucionalizado em seu poder), esperando receber, na contrapartida, garantias mínimas como o direito à vida e à propriedade. Décadas depois, outro filósofo inglês, John Locke (1632-1704), formulará uma teoria política semelhante, entendendo que a opção pelo contrato social é feita diante da constatação de que, unidos em sociedade, os sujeitos políticos têm mais garantias e correm menos riscos. No pensamento político lockiano, um dos pontos de destaque é a sua ideia primeira: os humanos possuem propriedades (ao menos uma é certa: a propriedade da vida) e a sociedade civil deve existir para garantir a proteção dessas propriedades.

Um terceiro autor que representa as teorias do contrato social é o filósofo Jean-Jacques Rousseau (1712-1778). No seu dizer, o pacto fundante da sociedade somente terá eficácia se houver participação ativa dos sujeitos na vida política, sendo essa a contrapartida para os direitos e as garantias individuais. Se a sociedade civil protege os sujeitos e lhes garante segurança, ela também exige, por outro lado, engajamento ativo na vida política, para que a condição mesma de sociabilidade civil seja mantida.

A Política, desse ponto de vista, torna-se a atividade de compreensão do pacto social e de produção das condições para que ele seja respeitado.

5.2. O Estado

Um dos pontos de partida da reflexão dos filósofos políticos modernos é a defesa de um Estado que detém poder soberano sobre os cidadãos. Essa noção tem raízes em teorias sobre o poder divino nos monarcas, que se formaram no século XVI e concebiam o soberano como alguém dotado de poderes supremos sobre todos os seus súditos, inclusive com poder para retirar-lhes a vida. As teorias modernas do Estado, porém, defenderão a existência não mais de "alguém", mas de uma "entidade" de poder, dotada de um funcionamento próprio e situada acima de todos os entes políticos. Alguns historiadores pensaram que fosse Maquiavel o iniciador da teoria do poder do Estado, mas isso não é verdadeiro, pois, mesmo que ele tenha delineado os princípios da autonomia da ação política, não se encontra nos seus textos alguma ideia parecida com a de um Estado soberano. Sua reflexão concentra-se no jogo político, não na natureza da instituição que detém o poder. A teoria do Estado soberano aparece já nos textos do filósofo francês Jean Bodin (1530-1596), mas é certamente com Thomas Hobbes que ela ganha sua definição mais conhecida.

Na sua demonstração da necessidade de uma sociedade civil, Hobbes recorre, entre outros argumentos, a uma caracterização do que é o Estado soberano, que ele nomeia com a imagem bíblica do Leviatã. Essa instituição, formada pelos sujeitos políticos, está acima deles e mantém com eles uma relação de poder como comando, ao qual os súditos, num ato de razão, obedecem. O problema que marca esse tipo de visão é saber como limitar os poderes do Estado (um Leviatã), pois, por estar acima dos sujeitos e ser dotado de autonomia na ação política, além de certa autonomia de critérios, ele pode se tornar um poder tirânico e incontrolável que esmaga a todos. De certa maneira esta é até hoje a imagem que temos do Estado: algo externo a nós, que se coloca acima de todos, com poderes quase incontroláveis sobre a vida dos cidadãos.

5.3. A sociedade civil

Em correspondência com a teoria do Estado, os filósofos modernos dedicaram-se também à sociedade civil ou o conjunto dos sujeitos políticos. Uma das missões da sociedade civil é fazer um contraponto ao poder do Estado, sendo um freio contra as desmedidas e injustiças eventualmente cometidas por ele. Nesse sentido, a sociedade civil é a contraface política dessa instituição que se coloca acima de todos, por ser ela o conjunto dos cidadãos. Sua força política para fazer contraponto ao Estado nasce do fato de ela ser a expressão política dos sujeitos e de defendê-los.

Desde os inícios da Modernidade, temos, portanto, o nascimento de uma dicotomia que perpassa os séculos e chega aos nossos dias: o antagonismo do Estado e da sociedade civil. É curioso notar que ambas as entidades nascem do mesmo corpo político, que é o conjunto dos sujeitos políticos reunidos. Contudo, a percepção e mesmo alguns atos parecem indicar que o Estado, embora seja uma construção do povo, se coloca acima do povo, ganhando autonomia de ação que pode levá-lo a tomar decisões contra parte do coletivo que o fundou. Para evitar os abusos de um Estado soberano, os sujeitos também fundam a sociedade civil para, na contraposição política ao Estado, fazer com que haja direitos e garantias mínimas aos indivíduos.

Certamente essa é até hoje uma das questões mais complicadas para a reflexão política: como reconciliar o Estado com a sociedade civil, considerando que ambos têm no povo o seu fundamento? Se não é possível reconciliar, convém ao menos tentar desfazer a oposição que divide o corpo político. A resposta não é fácil, nem foi dada a contento em termos teóricos e práticos. Assistimos a um embate permanente de partes do corpo político, organizados sob a forma da sociedade civil, investindo contra aquilo que julgam ser abusos do Estado. Nos vários exemplos históricos de regime autoritário ao longo do século XX, um dado comum foi a perseguição aos grupos da sociedade civil organizados sob a forma de sindicatos, partidos, grupos ideológicos, associações de classe etc. No Brasil, que passou pela ditadura de Getúlio Vargas (1930-1945) e pela ditadura militar (1964-1985), viu-se o governo do Estado colocar-se acima de todos e perseguir diversos segmentos da sociedade civil. Mesmo em nossos dias, ainda persiste a preocupação de tornar as instituições estatais mais abertas às demandas que emergem da sociedade civil.

6. Configurações políticas contemporâneas

Ao longo do século XIX e primeira metade do século XX, assistiu-se a um fortalecimento do poder do Estado, evento esse associado diretamente aos movimentos nacionalistas que dominaram a cena política mundial até, pelo menos, as duas Grandes Guerras Mundiais. Os movimentos nacionalistas, associados à corrida imperialista das novas potências europeias, culminaram na Primeira Grande Guerra (1914-1918), cujos efeitos foram geradores da Segunda Grande Guerra (1939-1945).

No final do segundo conflito mundial, diante do genocídio de populações inteiras e sem contar os milhões de baixas militares, os pensadores se viram obrigados a tentar entender o que aconteceu com a sociedade europeia do ponto de vista político, perguntando-se como as diferentes sociedades nacionais (particularmente as sociedades alemã, francesa e anglo-saxônica, berços dos projetos iluministas e modelos de cultura para outros povos) puderam protagonizar tamanha barbárie, tantas mortes e destruição.

Uma das primeiras pensadoras que se voltaram à problemática foi Hannah Arendt (1906-1975), que percebeu como os regimes políticos totalitaristas estiveram na base dessas catástrofes. Ela foi uma das primeiras a consagrar o uso do termo *totalitarismo* para exprimir o fenômeno de alguns Estados que, representados por um líder ou um grupo, não viam limites para sua ação e pretendiam regulamentar todos os aspectos da vida de seus súditos.

Hannah Arendt afirma que, ao produzir ideologias em defesa de um Estado forte (o que implica a submissão e obediência dos cidadãos aos ditames do poder estatal), as ideologias anularam o valor do indivíduo e abriram caminho para a realização de ações desumanas e terroristas em nome de nações e governos fortes.

Nos livros *As origens do totalitarismo* e *A condição humana*, Arendt mostra como tanto o nazismo quanto o stalinismo foram produtos de crenças políticas no Estado e, concomitantemente, na negação dos valores dos indivíduos e de seus direitos. No limite, e falando de modo simplificado, todos esses regimes, para conseguir o poder e manter-se nele, necessitaram relativizar a importância dos indivíduos, privando-os de direitos e garantias básicas.

Não é sem razão que, após o conhecimento dos massacres perpetrados nas duas Guerras Mundiais, criou-se um órgão supranacional para, entre outras atribuições, impedir que ocorressem novas guerras dessas proporções, bem como genocídios e tentativas de extermínio de populações inteiras. Trata-se da Organização das Nações Unidas (ONU), que procura se reger pela *Declaração Universal dos Direitos Humanos*, cujo cerne é a garantia de direitos mínimos para todos os seres humanos, entre eles o mais básico de todos, o direito à vida, com a consequente condenação de todo tipo de extermínio.

A *Declaração Universal dos Direitos Humanos*, promulgada pela Assembleia da ONU em 10 de dezembro de 1948, resulta de uma antiga reivindicação para que os direitos mínimos de cada ser humano sejam definidos e respeitados por todo e qualquer governo ou instituição. As origens dessa declaração remontam ao século XVII, com a *Declaração dos Direitos do Ho-*

mem e do Cidadão, de 1789, um dos eixos centrais da Revolução Francesa, e com a *Declaração dos Direitos Civis*, promulgada em 1791 pela então recém-criada República dos Estados Unidos da América. É fundada nessa tradição que a *Declaração dos Direitos Humanos* de 1948 busca assegurar direitos elementares como a vida, a saúde, a liberdade etc.

Esse esforço pela efetivação dos direitos humanos encontra, contudo, várias resistências em muitas partes do mundo. No Brasil, por exemplo, a nossa *Constituição* de 1988 tem a sua primeira parte inspirada também na *Declaração* de 1948 e prevê direitos básicos a todo cidadão, que, no entanto, como sabemos, estão longe de alcançar todos os brasileiros.

Embora se apresentem críticas a alguns aspectos das garantias dos direitos humanos, cabe lembrar que eles existem para defender um indivíduo, seja quem for, criminoso ou pai de família, contra os abusos de forças autoritárias. É importante lembrar que a defesa dos direitos humanos não implica a impunidade e a transgressão como forma de conduta, mas busca-se mostrar que, diante da força do Estado e de seu grande aparato, há uma relação assimétrica de força na qual sempre o indivíduo é a parte mais fraca e vulnerável. Convém ter isso em mente quando se afirma, sobretudo no Brasil e em outros países marcados por uma história autoritária, que os direitos humanos protegem os criminosos ou só são úteis quando não se respeita a lei.

Lembremos os casos constantes de prisão e tortura em nosso país, seja durante o regime militar, nas décadas de 1960-1980, seja nos abusos praticados pelas polícias em nossos dias. A prisão em si já é uma violação de direito, a menos que haja um processo público e/ou uma solicitação formal da Justiça. Quanto à agressão e à tortura, não há nada que as justifique.

Associada a essa reflexão sobre as garantias fundamentais dos seres humanos, nasce, em meados do século XX, uma corrente de reflexão política voltada para os efeitos do poder estatal sobre os corpos dos cidadãos. Essa corrente ficou conhecida como *biopolítica*. Entre seus pensadores mais representativos está Michel Foucault (1926-1984), que, em várias obras, destaca como a sociedade e o Estado chegam a controlar os corpos dos indivíduos, ultrapassando os limites daquilo que é a sua esfera legítima de ação. Desde os governos totalitários, nos quais a conformação física das pessoas era objeto de controle do Estado, até nossas sociedades contemporâneas, nas quais determinados padrões de beleza se impõem pela grande mídia controlada pelo poder econômico com o aval do Estado, vemos formas de controle dos corpos por forças externas. Outro exemplo desse controle é o modo como, principalmente desde o século XIX, produz-se o confinamento de seres humanos em hospícios e prisões, instaurando-se um modelo de tratamento da doença mental e da violência pelo isolamento daqueles que não são produtivos nem economicamente relevantes, como se o simples fato de ser humano não justificasse atitudes mais dignas e cuidadosas.

Em decorrência da reflexão sobre os direitos e garantias individuais, surgiu também um extenso trabalho de luta pelo acesso de todas as populações a esses direitos e garantias, pensando-se sobretudo nas minorias e nos grupos marginalizados, como as mulheres, os homossexuais, os negros e assim por diante. Para as minorias, a questão que se coloca é como obter reconhecimento de direitos e garantias previstos para todos, mas, na prática, recusados aos que não seguem as configurações majoritárias de comportamento, atitude física, pensamento etc. O pensamento e a atividade feminista são um caso exemplar, sobretudo porque, ao refletirem sobre a condição das mulheres e suas dificuldades na vida social, econômica e política, deram-se conta de que não convinha fazer uma defesa exclusiva dos direitos das mulheres sem olhar para os demais grupos sociais que também sofriam discriminação. O feminismo, assim, ampliou sua pauta de reflexão e passou a elaborar argumentos em que se incluem diversas demandas sociais e políticas que não somente as feministas.

O que se revela com a luta das minorias, a biopolítica ou o esforço por garantir acesso aos direitos humanos é a preocupação com o indivíduo, com o que dá seu valor e com o que justifica a Política em nossos dias. Diferentemente do mundo antigo e medieval, a Política tornou-se a prática centrada na obtenção e conservação do poder. Mas o poder pode ser radicalmente destrutivo para aqueles que dele discordam ou dele não participam. Além disso, vemos em nossos dias que o poder político submete-se a outro poder, o econômico, fazendo ver que a autonomia do poder político pode não passar de uma ilusão. Ele se libertou da

Ética, tanto greco-romana quanto cristã, mas mostra-se submisso ao poder de quem controla a economia.

Não é de estranhar que se revalorize a teorização do lugar político do indivíduo nas sociedades contemporâneas, cada vez mais burocratizadas e marcadas pela tendência a anular a importância pública dos cidadãos em nome de projetos e ideais maiores que valorizam apenas os indivíduos e grupos significativos para a estrutura econômica.

Nesse contexto, observa-se também o esforço teórico para a construção de uma proposta de conformação política que supere os limites da hegemonia econômica, sem retornar ao socialismo de Estado presente em vários países ao longo do século XX. Trata-se do republicanismo. Para entendê-lo, convém recordar que, no século XX, o mundo presenciou o embate ideológico entre, de um lado, os Estados liberais e democráticos, liderados pelos Estados Unidos e parte dos países europeus, como a França e a Inglaterra, e, de outro, o modelo estatal socialista, liderado pela antiga União Soviética e alguns países europeus do leste, como a Alemanha Oriental, a Polônia e a Hungria.

A queda do Muro de Berlim, em 1989, foi o marco da dissolução dos regimes socialistas. A partir de então, muitos dos países que se encontravam sob governos socialistas, principalmente europeus, fizeram uma mudança profunda na forma de organização do Estado, adotando modelos e critérios liberal-democráticos, a exemplo das potências ocidentais. Chegou-se a falar do "fim da História", pretendendo-se que o grande modelo político universal havia sido construído, completando-se a História da humanidade, em uma alusão ao modelo teorizado pelo filósofo alemão Wilhelm Hegel (1770-1831). Em sua obra *Filosofia da história*, Hegel defende que os processos históricos tendem a uma finalidade, o que implica uma estabilidade dos processos históricos e o fim das revoluções.

Nem todos, porém, estavam satisfeitos com o liberalismo político, pois a propalada *pax americana* e o advento de uma nova ordem mundial regrada pelas liberdades de mercado e o fim do intervencionismo do Estado nas dinâmicas econômicas continuavam gerando desigualdade social e miséria em várias partes do mundo, inclusive em países ricos. Não foram poucos os pensadores que apontaram os problemas decorrentes das práticas denominadas *neoliberais* sobre a vida de milhares de pessoas.

No interior dessa crítica ao modelo liberal nasce uma corrente teórica que propõe aos países, mesmo regidos pela lógica capitalista e liberal, um modelo de organização política que faça do Estado um ente para atender às demandas de todos os cidadãos. Essa corrente é o republicanismo, que propõe aos governos estabelecer instituições para implantação de políticas públicas universalistas e órgãos estatais abertos a ouvir as demandas da população e apresentar-lhes soluções adequadas. Propõe-se a transformação das instituições em órgãos "porosos", ou seja, abertos e acessíveis a todos, visando a políticas claras e contundentes de redução das desigualdades socioeconômicas.

A proposta republicana não consiste numa visão política que leve ao fim da supremacia da economia nem à transformação das democracias liberais, mas a um aperfeiçoamento das instituições estatais, que considerem o Estado protetor dos direitos dos cidadãos e acolhedor de suas proposições. De certo modo, a Política passa a ser concebida novamente como atividade cujo fim não é simplesmente a manutenção do poder, mas a construção de uma sociedade de direitos. Essa tendência se observa mesmo no Brasil. A pauta das eleições presidenciais, por exemplo, costuma ser o modo como ordenar o Estado, pensando-se em quantos ministérios são realmente necessários, no modo de preenchimento dos cargos, nas políticas públicas que devem ser prioritárias, na extirpação da corrupção política e econômica etc. Atualmente, fala-se muito na necessidade de uma reforma política, a fim de evitar que as antigas estruturas partidárias e eleitorais dificultem a formação de grupos que impeçam a construção de modelos socioeconômicos integradores das várias partes que compõem a nação. Esses aspectos revelam uma preocupação com o fortalecimento de um modelo republicano, quer dizer, de uma visão da Política como atividade cujo fim não é ela mesma, mas o bem dos cidadãos, ainda que esse bem não seja determinado segundo critérios "objetivos", como pretendiam os gregos e os cristãos, mas segundo a prática dos vários atores sociais, em luta por reconhecimento.

7. Conclusão

Neste livro percorremos um caminho histórico e conceitual que passou por alguns dos principais momentos da reflexão filosófica sobre a Política.

Como não poderia deixar de ser, o início com os gregos nos forneceu de saída os elementos centrais da exposição. Ao recuperar as origens do pensamento político, ressaltamos um aspecto emblemático dessas origens: a concomitância das práticas políticas com a reflexão filosófica sobre elas. O tipo de ação que impelia os gregos a buscar formas de organização da vida coletiva que assegurassem o Bem comum foi forjado conjuntamente com a discussão coletiva ou o debate entre pessoas que se entendiam como iguais perante a organização da cidade.

A prática política adquiriu novas conformações ao longo dos séculos, conforme os problemas e as demandas dos diferentes momentos históricos. O surgimento do Cristianismo, por exemplo, pôs os seres humanos diante do desafio de conciliar práticas políticas com visões morais advindas da experiência religiosa e desenvolveu a ênfase na intenção que dá origem e sentido às ações. Em comum com os gregos, os pensadores cristãos, bem como os judeus e os muçulmanos, durante a Idade Média, vinculavam a ação política à busca de um ideal externo a ela, chamando-o de "vontade de Deus" ou de "Bem comum".

No Renascimento e na Idade Moderna, porém, surgiram concepções que deram autonomia à ação política com relação à busca do Bem comum. A Política torna-se uma atividade específica, com regras próprias, e a conquista e manutenção do poder passa a ser sua principal preocupação.

Na atualidade, perante os desafios encontrados pelos cidadãos e pelos países, principalmente no tocante às dificuldades ligadas à representação dos interesses e às diferentes tendências no interior das sociedades, reaparece a pergunta pela vinculação da Política com outras esferas da vida, como a Ética principalmente. Convém que o agir político seja inteiramente autônomo? Convém que ele se submeta a uma concepção de Bem comum? Mas como definir o Bem comum? Quem o define? O Estado ou a sociedade civil?

O percurso que fizemos juntos, neste livro, põe-nos diante da tarefa de pensar sobre formas de organizar a esfera coletiva da vida a fim de conseguir o máximo de satisfação que o nosso contexto histórico nos possibilita. Tudo isso sem anular nossa individualidade e sem que uma força externa imponha de modo autoritário os rumos a seguir. Assim como na Grécia antiga, a Política exige engajamento e participação dos cidadãos. Não há vida política boa a não ser pela participação ativa nas esferas de decisões coletivas. Para que haja uma boa política é necessário que haja bons políticos e pessoas dispostas a lutar pelas causas comuns.

OUVINDO OS TEXTOS

Texto 1. Aristóteles (384-322 a.C.), *A finalidade da Política*

Já dissemos, nas partes anteriores deste livro [*A Política*] e ao tratar, entre outras coisas, da administração familiar e do poder do mestre, que o ser humano é, por natureza, um animal político. É por isso que, mesmo quando eles não têm necessidade da ajuda dos outros, os humanos têm a tendência a viver juntos. O benefício comum também os reúne, sobretudo porque essa união permite uma forma de vida feliz a cada um. Tal é seguramente a finalidade que caracteriza os humanos, seja em conjunto seja individualmente. Mas eles se reúnem e perpetuam a comunidade também com o intuito de simplesmente viver. Com efeito, talvez seja uma forma de felicidade já o simples fato de viver sem muitas aflições. É evidente, aliás, que a maioria dos humanos suporta muitos sofrimentos, pois estão bastante ligados à vida; é como se ela tivesse em si mesma uma alegria e uma doçura naturais [...]. Resulta daí que todas as constituições que visam o benefício comum são formas corretas segundo o que é justo em sentido absoluto. Aquelas, porém, que só visam o interesse dos governantes são defeituosas, quer dizer, são desvios das constituições corretas. São, então, despóticas. Uma cidade, ao contrário, é uma comunidade de humanos livres.

> ARISTÓTELES, *Política* III, 6, 1278b17-1279a21. Trecho traduzido por Juvenal Savian Filho, com base na versão francesa: ARISTOTE. *Politique*. Trad. P. Pellegrin. Paris: Flammarion, 1990.

Texto 2. Aristóteles (384-322 a.C.), *Tem autoridade política quem alguma vez já obedeceu*

Há uma forma de autoridade em virtude da qual se governam pessoas de mesma origem e humanos livres. A essa forma de autoridade chamamos de autoridade política. O governante deve aprender a exercê-la sendo ele mesmo governado, assim como alguém aprende a comandar uma cavalaria sendo também cavaleiro ou a liderar um exército sendo um soldado. É por isso que tem razão quem afirma que não pode ser um bom governante quem nunca obedeceu. A perfeição própria a esses dois estados é diferente, mas o bom cidadão deve saber e poder obedecer e governar. Aliás, a perfeição do cidadão consiste em conhecer o governo dos humanos livres sob esses dois aspectos ao mesmo tempo.

> ARISTÓTELES, *Política* III, 4, 1277a33-1277b33. Trecho traduzido por Juvenal Savian Filho, com base na versão francesa: ARISTOTE. *Politique*. Trad. P. Pellegrin. Paris: Flammarion, 1990.

Texto 3. Santo Agostinho (354-430), *Dois amores e duas cidades*

Dois amores deram origem a duas cidades: o amor por si mesmo, chegando até o desprezo de Deus, fundou a cidade terrena; o amor por Deus, chegando até o desprezo de si, fundou a cidade celeste. Uma delas se glorifica a si mesma; a outra se gloria no Senhor; afinal, uma busca a glória junto aos humanos, ao passo que, para a outra, Deus, testemunho de sua consciência, é a principal glória. Uma, em sua glória, ergue a cerviz; a outra, porém, diz a seu Deus: "Tu és minha glória; e és Tu que me ergues a cabeça." A cidade terrena, em seus governantes e nas nações que ela conquista, é dominada pela paixão de dominar. A cidade celeste vê seus governantes decidirem e seus súditos obedecerem, mas todos juntos dedicando-se uns aos outros por amor. A cidade terrena ama sua própria força naqueles que a governam. A cidade celeste diz a seu Deus: "Eu te amarei, Senhor, tu que és minha força."

> SANTO AGOSTINHO, *Cidade de Deus* XIV, 28. Trecho traduzido por Juvenal Savian Filho, com base na versão francesa: AUGUSTIN. *La cité de Dieu*. Trad. G. Combes. Paris: Desclée de Brouwer, 1959-1960.

Texto 4. Santo Agostinho (354-430), *A cidade como fonte de conflitos*

Querem que a vida do sábio seja uma vida social. Isso aprovamo-lo nós muito mais que eles. Efetivamente, donde surgiria esta Cidade de Deus ou avançaria no seu desenvolvimento ou atingiria os fins que lhe são devidos, se a vida dos santos não fosse uma vida social? Mas quem será capaz de enumerar quantos e quão grandes são os males da sociedade humana mergulhada nas desditas desta vida mortal? Quem poderá avaliá-los convenientemente? Ouçam um dos seus cômicos, que, com a aprovação de todos, exprime o sentir dos homens: *Casei-me com uma mulher: que miséria que lá vi! Nasceram os filhos: mais cuidados!* (Terêncio, *Adelphoi*, V, IV). *Injúrias, ciúmes, inimizades, guerra e de novo a paz* (Terêncio, *Eunuchus*, I, I); por toda a parte não estão as situações humanas cheias destes desvios? Não se encontram eles, a maior parte das vezes, mesmo nas mais honestas amizades dos amigos? Não estão, por toda a parte, deles cheias as situações humanas onde sentimos as injúrias, os ciúmes, as inimizades e a guerra como males certos e a paz como um bem incerto porque desconhecemos o coração daqueles com quem queremos mantê-la, e, se hoje podemos conhecê-los, não saberemos o que serão amanhã? Quais são os que costumam ou devem ser entre si mais amigos do que os que habitam na mesma casa? E, todavia, quem é que lá se encontra seguro, quando, muitas vezes, devido às suas ocultas insídias, surgem males tamanhos, tanto mais amargos quão doce tinha sido a paz, que se tinha julgado sincera, mas que com toda a astúcia se simulava. [...] *Os inimigos do homem são os que vivem na sua casa* (Mateus, X, 36), se ouve com grande dor no coração, porque um homem – mesmo que seja tão forte que possa suportar com igual disposição o que contra ele trama uma fingida amizade, ou mesmo que esteja tão precavido que seja capaz de se lhe esquivar com previdentes decisões – é impossível, se ele próprio é bom, que não sofra gravemente pela maldade desses homens pérfidos, quando verifica quão maus eles são, quer tenham sido sempre maus fingindo-se bons, quer se tenham mudado da bondade para a maldade. Se o próprio lar, refúgio comum para os males do gênero humano, não é lugar seguro – que dizer da cidade (*civitas*) que, quanto maior é, tanto mais os seus tribunais regorgitam de questões cíveis e criminais, embora às vezes cessem as insurreições e as guerras civis tão turbulentas e, por vezes, o que é ainda mais frequente, tão cruentas? Destas calamidades podem as cidades estar livres às vezes, mas nunca da ameaça dessas calamidades!

>SANTO AGOSTINHO. *A Cidade de Deus*. Vol. III. Trad. Dias Pereira. Lisboa: Fundação Calouste Gulbenkian, pp. 1891-3.

Texto 5. Pedro Abelardo (1079-1142), *O valor de um ato está na adesão ou na recusa interiores do sujeito e não na exterioridade do ato*

Alguns se revoltam ao ouvir-nos dizer que o ato mesmo do pecado não acrescenta nada à culpabilidade do pecador nem à sua condenação pela Justiça divina. Eles objetam que o ato do pecado é sempre acompanhado de uma forma de prazer que agrava o pecado, como é o caso do ato sexual ou a falta de quem não apenas come os frutos que roubou, mas come todos eles de uma só vez. Essa objeção, porém, só seria válida se conseguíssemos provar que o prazer é em si um pecado, de modo que, ao ter prazer, um pecado seria cometido. [...] Mas por que o Senhor teria, então, criado alimentos para nosso uso e por que nos teria permitido consumi-los se nos é impossível fazer isso sem pecar [já que temos prazer quando os consumimos]? [...] Quanto ao prazer carnal, se ele também é conforme à natureza, ele não constitui de modo algum um pecado; não seria uma falta experimentar o prazer que é intrínseca ou necessariamente ligado ao ato sexual.

Pedro Abelardo, *Ética ou Conhece-te a ti mesmo*. Trecho traduzido por Juvenal Savian Filho, com base na edição de Alain de Libera, *apud*: MORICHÈRE, B. *Philosophes & Philosophie*. Paris: Nathan, 1992, pp. 224-5.

Texto 6. Nicolau Maquiavel (1469-1527), *A Política tem uma dinâmica própria*

Resta agora ver quais devem ser os modos e os atos de governo de um príncipe para com os súditos ou para com os amigos. E porque sei que muitos escreveram sobre isso, temo, escrevendo eu também, ser considerado presunçoso, sobretudo porque, ao debater essa matéria, afasto-me do modo de raciocinar dos outros. Mas, sendo a minha intenção escrever coisa útil a quem a escute, pareceu-me mais convincente ir direto à verdade efetiva da coisa do que à imaginação dessa. E muitos imaginaram repúblicas e principados que nunca foram vistos, nem conhecidos de verdade. Porque há tanta diferença entre como se vive e como se deveria viver, que quem deixa aquilo que se faz por aquilo que se deveria fazer aprende mais rapidamente a sua ruína que a sua preservação, porque um homem que deseja ser bom em todas as situações, é inevitável que se destrua entre tantos que não são bons. Assim, é necessário a um príncipe que deseja conservar-se no poder aprender a não ser bom, e sê-lo e não sê-lo conforme a necessidade. Deixando, portanto, para trás as coisas imaginadas sobre um príncipe e discorrendo sobre aquelas que são verdadeiras, digo que todos os homens, quando falam deles, e mais ainda os príncipes, por estarem em posição mais elevada, são tachados de algumas destas qualidades que causam ou a sua ruína ou o seu louvor. E assim é que um é tido por liberal, outro miserável – usando um termo toscano, porque avaro em nossa língua é também aquele que por roubo deseja ter, e miserável chamamos àquele que se abstém muito de usar o que é seu –; um é considerado pródigo, outro rapace; um cruel, outro piedoso; um não confiável, outro fiel; um efeminado e pusilânime, outro feroz e animoso; um humano, outro soberbo; um lascivo, outro casto; um íntegro, outro astuto; um rijo, outro fácil; um sério, outro leviano; um religioso, outro incrédulo e assim por diante. Sei que todos afirmaram que seria coisa louvabilíssima encontrar-se em um príncipe, de todas as sobreditas qualidades, aquelas que são consideradas boas. Mas porque não se podem ter todas nem observá-las inteiramente, por causa das condições humanas que não o consentem, é necessário ser tão prudente que saiba evitar a infâmia daqueles vícios que lhe tirariam o estado, e guardar-se, se lhe é possível, daqueles que não lhe fariam perdê-lo. Mas não podendo, com menos escrúpulo, pode-se deixar ir. E ainda não se preocupe em incorrer na infâmia daqueles vícios sem os quais dificilmente poderia manter o poder, porque, se se considera tudo muito bem, encontrar-se-á algo que parece *virtù*, que seguindo-a seria a sua ruína, e alguma outra que parece vício, e seguindo-a consegue a segurança e o seu bem-estar.

> MAQUIAVEL, N. *O príncipe*. Trad. José Antônio Martins. São Paulo: Hedra, 2007, pp. 159-61.

Texto 7. Thomas Hobbes (1588-1679), *O contrato social e os fundamentos da vida em sociedade*

A união assim feita diz-se uma cidade, ou uma sociedade civil, ou ainda uma pessoa civil: pois, quando de todos os homens há uma só vontade, esta deve ser considerada como uma pessoa, e pela palavra *uma* deve ser conhecida e distinguir-se de todos os particulares, por ter ela seus próprios direitos e propriedades. Por isso, nenhum cidadão isolado, nem todos eles reunidos (se excetuarmos aquele cuja vontade aparece pela vontade de todos), deve ser considerado como sendo a cidade. Uma cidade, portanto, assim como a definimos, é uma pessoa cuja vontade, pelo pacto de muitos homens, há de ser recebida como sendo a vontade de todos eles; de modo que ela possa utilizar todo o poder e as faculdades de cada pessoa particular, para a preservação da paz e a defesa comum. Pelo que foi dito acima, mostrou-se claramente de que maneira e por que gradação um grande número de pessoas naturais, por desejarem a própria conservação e por medo recíproco, se erige em uma pessoa civil, a quem chamamos de *cidade*. Ora, quem por medo se submete a outrem se submete ou àquele a quem teme, ou a algum outro em cuja proteção tenha confiança. Agem do primeiro modo os que são vencidos em guerra, para que não os matem; e do segundo aqueles que não foram vencidos, para que não o sejam. O primeiro modo recebe sua origem da força natural, e pode ser chamado a *origem natural* de uma cidade; o segundo, do conselho e constituição daqueles que se reúnem, o que é uma origem por instituição. Disso decorre que aqui tenhamos dois tipos de cidades, um *natural*, tal como o poder paterno e despótico, e outro *instituído*, que também pode chamar-se *político*. No primeiro, o senhor (*lord*) adquire para si os cidadãos que ele quiser; no segundo, os cidadãos escolhem, por suas próprias vontades, quem será senhor sobre eles, seja este um homem, seja uma companhia de homens, que em ambos os casos terá o mando supremo.

> HOBBES, T. *Do cidadão*. Trad. Renato Janine Ribeiro.
> São Paulo: Martins Fontes, 1998, pp. 97-9.

Texto 8. Jean-Jacques Rousseau (1712-1778), *Pelo contrato social, a sociedade delega poder ao soberano*

Advirto o leitor que este capítulo deve ser lido pausadamente e que não conheço a arte de ser claro para quem não quer ser atento. [...] O que é então o governo? Um corpo intermediário estabelecido entre os súditos e o soberano para sua mútua correspondência, encarregado da execução das leis e da manutenção da liberdade, tanto civil quanto política. Os membros desse corpo chamam-se magistrados ou reis, isto é, *governadores*, e o corpo todo recebe o nome de príncipe. Assim, aqueles que pretendem que o ato pelo qual um povo se submete a chefes não é um contrato, têm toda razão. Trata-se apenas de uma comissão, de um emprego no qual simples funcionários do soberano exercem em seu nome o poder de que foram feitos depositários por ele e ele que pode limitar, modificar e retomar quando lhe aprouver, sendo a alienação de um tal direito incompatível com a natureza do corpo social e contrária à finalidade da associação. Chamo então *governo*, ou administração suprema, ao exercício legítimo do poder executivo e príncipe ou magistrado, o homem ou o corpo encarregado dessa administração.

> ROUSSEAU, J.-J. *Do contrato social*. Trad. Márcio Pugliesi e Norberto de Paula Lima. São Paulo: Hemus, s/d, pp. 67-8.

Texto 9. Giorgio Agamben (1942-), *A distinção entre o público e o privado no mundo atual*

O fato é que uma mesma reivindicação da vida nua conduz, nas democracias burguesas, a uma primazia do privado sobre o público e das liberdades individuais sobre os deveres coletivos, e torna-se, ao contrário, nos Estados totalitários, o critério político decisivo e o local por excelência das decisões soberanas. E apenas porque a vida biológica, com as suas necessidades, tornara-se por toda parte o fato *politicamente* decisivo, é possível compreender a rapidez, de outra forma inexplicável, com a qual no nosso século as democracias parlamentares puderam virar Estados totalitários, e os Estados totalitários converter-se quase sem solução de continuidade em democracias parlamentares. Em ambos os casos, estas reviravoltas produziram-se num contexto em que a política já havia se transformado, fazia tempo, em *biopolítica*, e no qual a aposta em jogo consistia então apenas em determinar qual forma de organização se revelaria mais eficaz para assegurar o cuidado, o controle e o usufruto da vida nua.

AGAMBEN, G. *Homo sacer*. Trad. Henrico Burigo.
Belo Horizonte: UFMG, 2004, pp. 127-8.

EXERCITANDO A REFLEXÃO

1. Elencamos, a seguir, algumas atividades para auxiliar na compreensão do caminho que percorremos neste livro:

- **1.1.** Por que a reflexão sobre o nascimento da Filosofia é necessária para compreender o sentido da Política?
- **1.2.** O que é *isegoría*?
- **1.3.** O que é *isonomia*?
- **1.4.** O que significa dizer, segundo o pensamento aristotélico, que o ser humano é, em primeiro lugar, um ser social?
- **1.5.** Por que se pode dizer que, com o pensamento cristão, há uma inversão entre a esfera pública e a esfera privada em comparação com o pensamento grego?

1.6. Qual a inversão operada por Maquiavel com respeito à compreensão da natureza da Política nos pensamentos antigo e medieval?

1.7. Comente as semelhanças e diferenças entre Hobbes e Rousseau no tocante à ideia de contrato social.

1.8. Qual o papel no mundo político atual da *Declaração dos Direitos Humanos*, feita pela ONU?

2. Praticando-se na análise de textos:

2.1. Explique o modo como o texto 1 relaciona a vida pública (comum) com a felicidade.

2.2. Explique a comparação feita no texto 2 entre o governante da cidade e o comandante de uma cavalaria.

2.3. Qual a diferença entre as duas cidades mencionadas no texto 3 no tocante ao objetivo do exercício do poder?

2.4. Com base na descrição dos males da vida doméstica e social, feita no texto 4, qual seria o papel dos sábios e dos santos?

2.5. Qual o argumento construído no texto 5 para refutar a tese de que um ato pecaminoso é mais grave quando é acompanhado de alguma forma de prazer?

2.6. Por que, segundo o texto 6, não é uma boa coisa imaginar governos ideais? O que propõe em troca o autor do texto?

2.7. Qual o papel do medo na origem da sociedade, conforme o texto 7?

2.8. Por que, segundo o texto 8, o corpo dos governantes é apenas uma comissão ou um emprego?

2.9. Explique as razões pelas quais, de acordo com o texto 9, as democracias parlamentares puderam virar Estados totalitários em nosso tempo e esses Estados totalitários converter-se em democracias parlamentares.

DICAS DE VIAGEM

1. Indicamos alguns filmes a que você pode assistir tendo em mente nossa reflexão sobre a Política:

    1.1. *Tempos modernos* (*Modern Times*), direção de Charles Chaplin, Estados Unidos, 1936.

    1.2. *V de Vingança* (*V for Vendetta*), direção de James McTeigue, Estados Unidos, 2006.

    1.3. *Lincoln*, direção de Steven Spielberg, Estados Unidos, 2012.

    1.4. *Django livre* (*Django Unchained*), direção de Quentin Tarantino, Estados Unidos, 2012.

    1.5. *A rainha Margot* (*Margot*), direção de Patrice Chéreau, França/Alemanha/Itália, 1993.

    1.6. *Metrópolis* (*Metropolis*), direção de Fritz Lang, Alemanha, 1927.

    1.7. *O desinformante* (*The Informant!*), direção de Steven Soderbergh, Estados Unidos, 2009.

1.8. *O quarto poder* (*Mad City*), direção de Costa-Gavras, Estados Unidos, 1997.

1.9. *Brazil*, direção de Terry Gilliam, Reino Unido, 1985.

1.10. *Terra em transe*, direção de Glauber Rocha, Brasil, 1967.

2. Obras literárias que tocam no tema da Política:
   2.1. *A revolução dos bichos*, de George Orwell.
   2.2. *Antígona*, de Sófocles.
   2.3. *O processo*, de Franz Kafka.
   2.4. *O vermelho e o negro*, de Stendhal.
   2.5. *Os demônios*, de Dostoiévski.

3. Visita ao patrimônio político:
   3.1. Câmara de Vereadores, Assembleia Legislativa, Congresso Nacional.

   Uma atividade instrutiva, que você pode fazer individualmente ou em grupo, é uma visita à Câmara de Vereadores de sua cidade. Caso você more em uma capital, também pode visitar a Assembleia Legislativa do seu estado. Por fim, se você mora em Brasília ou tem a oportunidade de ir até lá, pode visitar a Câmara dos Deputados Federais e o Senado da República. Você também pode assistir a uma sessão pública nessas instituições. Informe-se sobre as regras de participação e faça uso de seu direito de assistir ao desempenho de nossos representantes políticos. Essas instituições, cada qual em seu âmbito, são as responsáveis por debater e determinar os rumos da nossa vida pública. Ainda em Brasília, ande pelo Eixo Monumental, desde seu início até a Praça dos Três Poderes. É uma bela caminhada por grandes obras arquitetônicas, projetadas por Oscar Niemeyer e com desenho urbano de Lúcio Costa. Na Praça dos Três Poderes, não deixe de visitar o Congresso Nacional (onde estão instalados a Câmara dos Deputados e o Senado, além do Supremo Tribunal Federal) e do Palácio do Planalto, sede da presidência da República. Você não terá acesso a todos os lugares desses prédios, mas existem visitas guiadas e horários predefinidos.

3.2. Memorial da Resistência.

Outro lugar que todo cidadão brasileiro mereceria visitar um dia é o Memorial da Resistência, no centro da cidade de São Paulo, onde funcionava o antigo Departamento de Ordem Política e Social (Dops), órgão criado pelo governo brasileiro no início do século XX e que atingiu o máximo de sua força durante o Regime Militar de 1964. O objetivo do Dops era identificar, controlar e reprimir movimentos contrários ao governo. Em nome da disciplina, da moral e dos bons costumes, os membros do Dops cometeram atentados claros à vida republicana. O principal deles foi a tortura. Hoje, o museu do Dops situa-se no mesmo lugar onde ficavam os presos políticos da ditadura militar. As celas, ainda preservadas, guardam a memória daqueles que foram torturados e perseguidos pelo regime de exceção que perdurou no Brasil por 21 anos (1964-1985). Essa visita leva a refletir sobre o poder que o Estado pode ter sobre os corpos dos seus cidadãos, sobre os abusos que ocorreram e ainda ocorrem em várias prisões brasileiras.

Endereço: Largo General Osório, 66 – Luz – São Paulo – SP – Metrô Luz/Estação Júlio Prestes da CPTM – Tel.: (11) 3335-4990

Funcionamento: de terça a domingo, das 10h às 17h30 – Grátis

Agendamento de visitas educativas pelos telefones: 3324-0943 ou 0944

www.memorialdaresistenciasp.org.br

LEITURAS RECOMENDADAS

Além das obras dos filósofos indicados neste livro, sugerimos os seguintes títulos para leitura complementar:

AGAMBEN, G. *Altíssima pobreza*. Trad. Selvino J. Assmann. São Paulo: Boitempo, 2014.
O pensador e historiador italiano da Filosofia Giorgio Agamben oferece um estudo perspicaz das formas cristãs medievais de conceber o exercício da autoridade, contrastando-as com a sedução pelo poder que marca o mundo moderno e contemporâneo.

CASSIRER, E. *O mito do Estado*. Trad. Álvaro Cabral. Rio de Janeiro: Zahar, 1976.
Livro escrito por Ernst Cassirer a pedido de amigos, pouco antes de morrer. Trata-se de uma revisão do pensamento político ocidental, com atenção especial ao culto do herói e da raça, buscando interpretar o momento vivido pelo autor (a ascensão do nacional-socialismo).

CHENU, M.-D. *O despertar da consciência na civilização medieval*. Trad. Juvenal Savian Filho. São Paulo: Loyola, 2005.

Estudos (breves ensaios) de um dos melhores medievalistas do século XX sobre o tema da consciência individual na Idade Média latina, da perspectiva da história da Filosofia, mas também da Literatura (amor cortês) e da Psicologia (os motores da ação).

DUSO, G. (org.). *O poder: história da filosofia política moderna*. Vários tradutores. Petrópolis: Vozes, 2005.

Pesquisa coletiva que oferece um panorama da filosofia política moderna e contemporânea.

GILES, T. R. *Estado, poder e ideologia*. São Paulo: EPU, 1985.

O livro trata o Estado como sustentáculo do poder político, resultando da evolução psicológica e social da coletividade, o que o faz provocar um forma inédita de poder, desvinculando-o daqueles que o exercem para encarná-lo numa instituição. A Teoria do Estado e a do poder político são inseparáveis da condição ideológica.

LEFORT, C. *A invenção democrática*. Trad. Isabel M. Loureiro e M. L. Loureiro. São Paulo: Autêntica, 2011.

Obra-prima do filósofo político contemporâneo Claude Lefort, o livro estuda a democracia como invenção histórica em que o poder não se confunde com o governante.

MARÇAL, G. (org.). *Clássicos do pensamento político*. São Paulo: Edusp, 2009.
Compilação de ensaios que contextualizam as obras de pensadores políticos modernos e oferecem novas interpretações.

QUIRINO, C. GALVÃO & SADEK, M. T. *O pensamento político clássico*. São Paulo: Martins, 2003.
Coletânea de interpretações dos fundadores da política moderna.

SENELLART, M. *As artes de governar*. Trad. Paulo Neves. São Paulo: Editora 34, 2006.
História do conceito de governo no Ocidente, desde suas origens patrísticas, no século VI, até sua entrada no vocabulário jurídico-administrativo do Estado moderno, no século XVII. O autor mostra que, historicamente, a ideia de governo nem sempre pressupôs a ideia de Estado.

VERNANT, J.-P. *Mito e pensamento entre os gregos*. Trad. Haiganuch Sarian. Rio de Janeiro: Paz & Terra, 2008.
Jean-Pierre Vernant, um dos mais conhecidos helenistas dos nossos tempos, dedica-se, neste livro, a estudar em correlação os fatos de religião, Filosofia, ciência, arte, instituições sociais, técnicas e econômicas do mundo grego antigo, a fim de interpretá-los como ex-

pressão de uma atividade mental organizada e típica do quadro social e cultural da Grécia.

VERNANT, J.-P. *Mito e política*. Trad. Cristina Murachco. São Paulo: Edusp, 2001.

Os laços indissolúveis entre a mentalidade religiosa e a racionalidade política, tanto na cidade grega como nos Estados modernos, permitiram a Jean-Pierre Vernant refletir sobre a experiência da Resistência, o comunismo, o antissemitismo e o fascismo, entre outros temas da vida política atual.

WOLFF, F. *Aristóteles e A Política*. Trad. T. C. F. Stummer e Lygia A. Watanabe. São Paulo: Discurso Editorial, 1999.

Introdução ao estudo da obra de Aristóteles intitulada A Política.